鎌田由美子

着物ヘアメイクの視点と技法

ご挨拶

2015年、着物ヘアメイクをトータルで楽しみ、自分らしさを表現する出発点として『着物ヘアメイクの発想』を刊行しました。初めての出版から5年、多くの方々に書籍を手に取っていただき、あたたかく熱いメッセージをたくさん頂戴しました。

今回、SHISEIDO KIMONO BEAUTY第2弾として『着物ヘアメイクの視点と技法』を刊行いたします。前書がベーシック編とすれば、本書は(少しマニアックな)アドバンス編になります。

本書では、現在の着物の多様な価値観と多様な嗜好の表現を独自の視点で整理し、さらに私が表現するKIMONO BEAUTYを「クラシック」「ネオクラシック」「モダン」の3つの世界観で表現し、オリジナルのイメージマトリックスを制作・分類しました。

5年の歳月をかけて撮影してきた未発表の作品群と、今回撮り下ろした作品、クリエイションの視点とヘアテクニックを掲載しています。

本書を彩る美しい着物は、世界で活躍されている染色家、着物作家、キモノデザイナーの方々による、緻密な技の光るふたつとない伝統工芸作品です。皆さまには特別なご配慮と惜しみないご協力を賜り、心より感謝しております。

また、この書籍におけるクリエイションには、私が資生堂で経験してきた2つの要素が大きく関係しています。

私の礎となるブランド「INOUI」。特別な存在を放つメイクアップブランドで、1996年から6年近く担当していました。もっとも影響を受けたのが、ケヴィン・オークイン(メイクアップアーティスト)との仕事です。「INOUI」のカラークリエイションや広告撮影、その時代のNYコレクションなど、どれひとつとっても貴重な経験でした。今、私が表現する和装というジャンルにおいて、美しさの根底にある「女性美」と一瞬を切り取る「表情美」の軸は、彼との仕事から学び取ったものです。

もうひとつは、小泉今日子さんとの出会いです。私は小泉さんとの仕事を通して「誰よりも高いプロ意識」と「ぶれない信念」を学びました。資生堂人生の中でも特にご一緒させていただいた思い出が多く、そんな小泉さんから今回、帯へのメッセージいただけたことに心から感謝申し上げます。

『着物ヘアメイクの視点と技法』は、手に取る方次第で、楽しみ方は様々に広がります。着物ヘアメイクの実用書として、着物とヘアメイクのコーディネートのヒントを得る本として。また、美しい写真集としてもご覧いただけると嬉しいです。この特別な時代、本書に出会い、触れてくださった皆さまが、心豊かにお過ごしになれますように。

2020年 盛夏 鎌田由美子

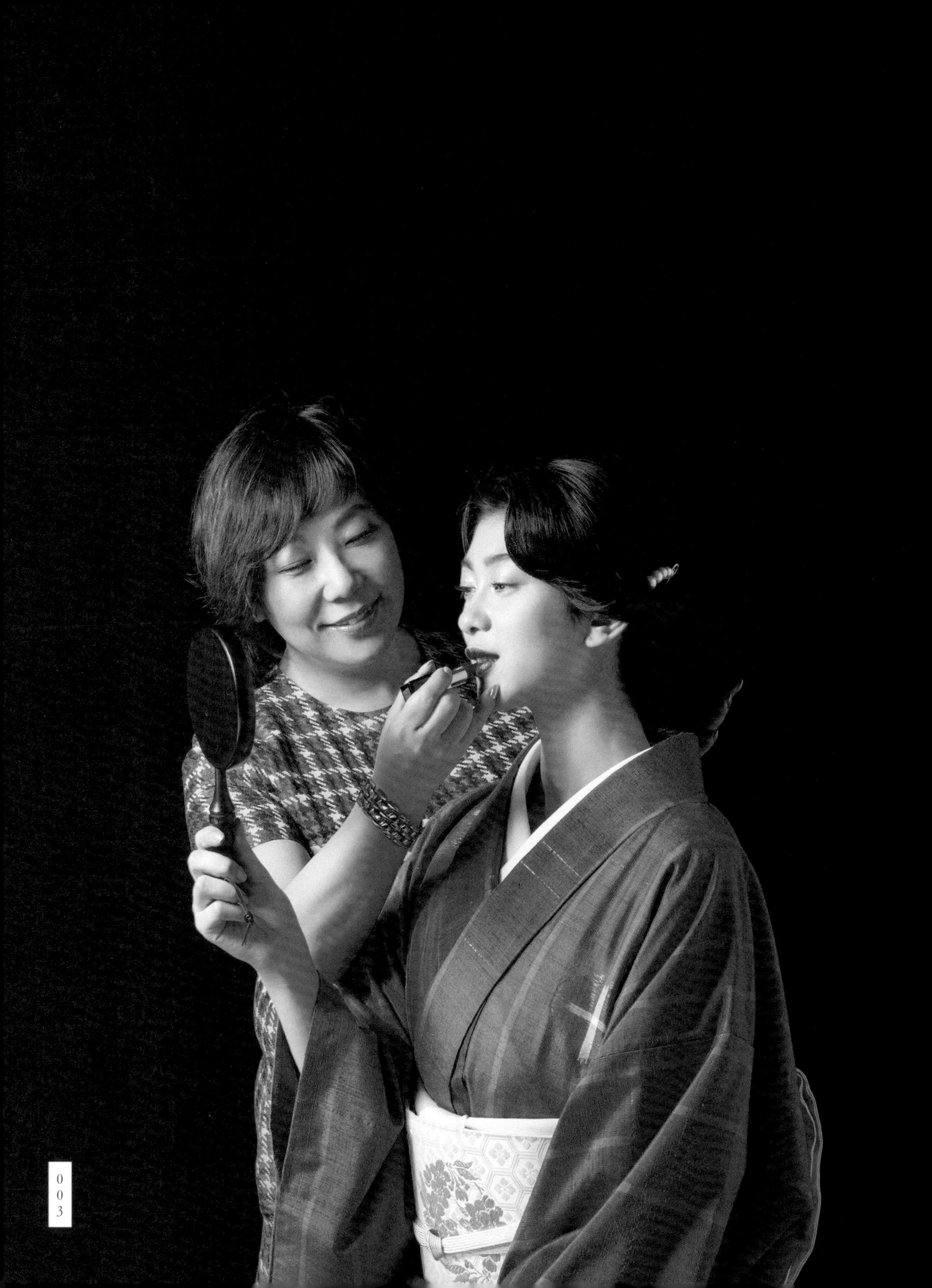

もくじ

和装表現イメージマトリックス

本書に掲載されている着物ヘアメイク作品を、
イメージごとにマトリックスにしました。
あなたの目指したい方向性に合わせ、
お好きなページを開いてみてください。

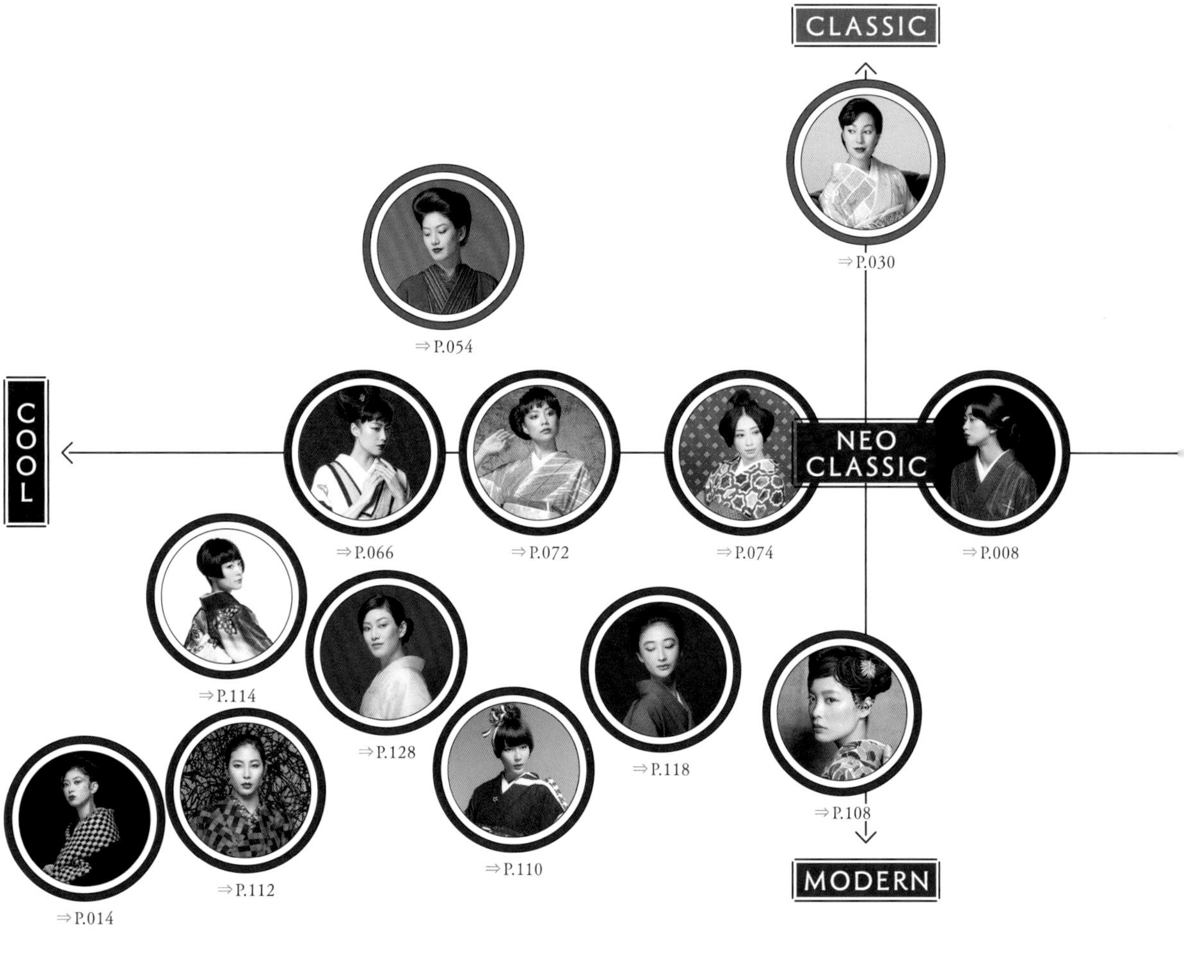
CLASSIC
⇒P.030
⇒P.054
COOL
⇒P.066
⇒P.072
⇒P.074
NEO CLASSIC
⇒P.008
⇒P.114
⇒P.128
⇒P.118
⇒P.108
⇒P.110
⇒P.112
⇒P.014
MODERN

1 未発表作品から撮り下ろしの最新作まで 鎌田由美子の作品を一挙に掲載しました

本書は鎌田由美子の作品集も兼ねています。作品発表の場をイメージしながら現在まで撮り続けてきた未発表作品を一挙に掲載しました！ なお、本書用に撮り下ろした最新の作品はPART1に含まれる2作品と、PART2内でヘアメイクの解説がある作品（計9作品）となっています。

2 ヘアメイク発想の源泉となった アイデアやヒントをご覧いただけます

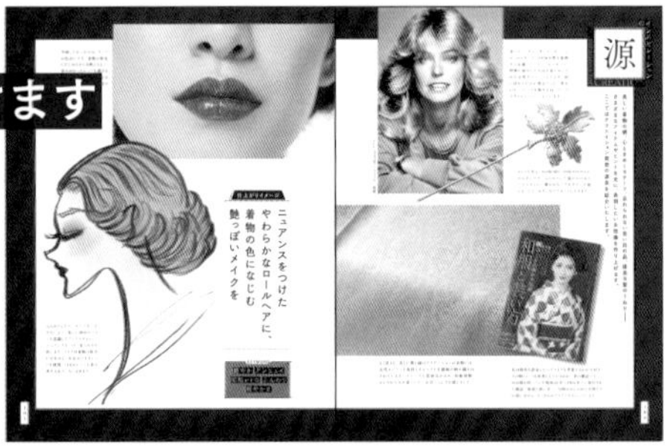

PART2の9作品（撮り下ろし作品）には「クリエイションの源」を添えました。これは、ヘアメイクを考案するまでの発想の源泉となったアイテムやモチーフ、品々を紹介するページです。さまざまなヒントを元に女性像を生み出す、鎌田由美子の頭の中を覗いてみてください。

3 ヘアメイクのポイント解説と ヘアプロセスで再現できます

PART2の9作品（撮り下ろし作品）のヘアとメイクでは、美しく仕上げるためのポイントを解説しました。メイクは使用した商品写真を掲載しています（商品名はP.158〜159に掲載）。また、ヘアは「自分でできる」「プロに任せる」に分け、いずれも詳細なプロセスをご覧いただけます。

4 なりたいイメージやお出かけ先、 シーンに合わせて逆引きで検索できます

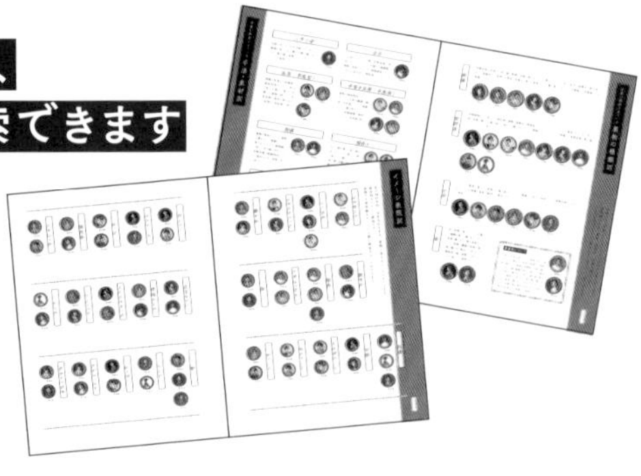

本書に掲載された着物ヘアメイクを、さまざまな用途に合わせて逆引きで検索できるINDEXページをつけました。着物の種類や着物作家、イメージ、お出かけ先のイベント・シチュエーションごとに、必要な用途や今の気分、なりたい自分像に合わせた一点を探すことができます。

PART 1

鎌田由美子、最新クリエイションの世界

着物の魅力は、ヘアメイクで大きく変わります。
着物の世界観をヘアメイクがどのように彩り、表現するのか。
それによって、着物は着る人の個性をいっそう魅力的に引き立てるのです。
ここでは鎌田由美子の感性が作り出した、
最新の着物ヘアメイクの世界をご紹介します。
ひとりの女性を通し、異なる個性の着物と
ヘアメイクによるトータルビューティーで魅力的な2つの世界観を表現します。
『SHISEIDO KIMONO BEAUTY』――ふたつの世界観と
あふれんばかりの“女性美”をお楽しみください。

ロウソクの灯の下で
ひたむきに祈る
清らかなマリア様を
想って

染織作家・志村洋子先生の手による、「マリア」と名のついた着物です。ぼかしの十字架が印象的で、ロウソクのふんわりとした灯に浮かび上がる十字架の前で、祈りを捧げるマリア様の横顔が頭に浮かびました。きっと彼女は、ひたむきに祈ることで願いが叶うと信じている、清らかな女性。控えめで優しくて、でも一つのことを信じ、祈り続ける強さも併せ持っている。そんなマリア様のようなイメージを、ヘアメイクで表現しました。

ヴェールを模した前髪と朱赤のリップがその表情を極立たせる

祈りを捧げる横顔は、マリア様を想わせる聖なる横顔――そのイメージで、ヘアはセンターパートに分け、前髪をヴェールのように垂らし、横顔が美しく見えるように仕上げました。顔にかかる曲線は、女性のやわらかさを印象づけます。メイクは清楚さを際立たせるため、各パーツをシンプルに。ポイントは唇で、朱赤のリップをふんわりとのせ、静寂の中でロウソクが灯っている雰囲気を表現しました。眉は自然のままを生かして、素朴さを表現しています。

モードで
グラフィカルな装いには
少しラフに崩した
ストリート感をプラス

JOTARO SAITOの、グラフィカルでインパクトのある現代更紗の着物作品です。レースの半襟やストール、コートなどを組み合わせた、クールで現代的なスタイリングに仕上がりました。ヘアメイクは、エッジ―でガーリーな雰囲気を演出。決めすぎるより、あえて少しラフに崩しています。やや毒のあるガーリーな印象に無造作な脱力感をプラスすることで、ほどよく力の抜けたストリート感のあるヘアメイクに仕上げました。

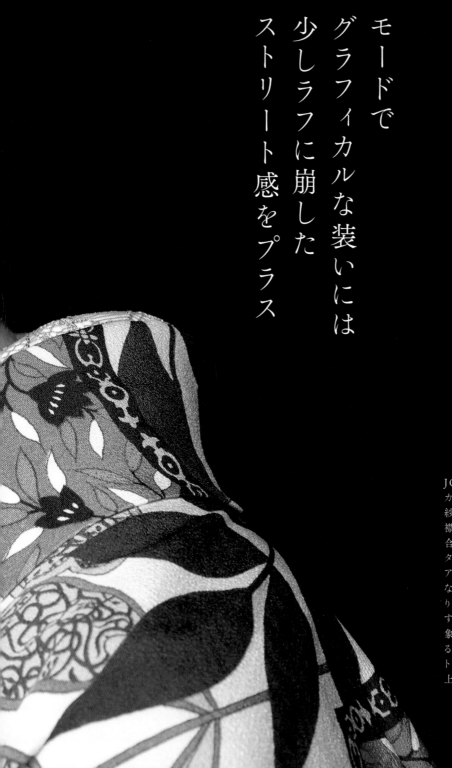

装いのワンアイテムに合わせたバーガンディのリップでヘアメイクとスタイリングの統一感を出す

ヘアは、自分でぐるぐると巻きつけたように、ラフに仕上げました。強い雰囲気を出すために、顔周りの後れ毛にツヤ感を足しています。アイメイクはカッパーをまぶた全体にふんわりとぼかします。アイラインはまつ毛のキワを埋めるだけにし、まつ毛一本一本の美しさを引き立てるように丁寧にマスカラをつけました。口元は帯の色に合わせ、バーガンディのリップを。装いのワンアイテムと色を合わせると、統一感が生まれます。

素敵な髪型を真似しても、なぜかうまくいかない。そんな経験はありませんか？
それは、普通なら力を抜いてしまう細かいところも計算しているので、
シンプルスタイルほど美しさに差がつくのです。
このコラムでは、鎌田由美子がヘアメイクの際に加えている、プロならではの技法を紹介します。

前髪センターパートの作り方

センターパートは作り方によって、存在感と女性らしさが高まります。

NG

NG

OK!
ほんの少し根元を
指で軽くつまんで
立ち上げる
ラインに沿わせてコー
ムの先端を入れ、顔
から少し浮かせる

前髪をぺったりと、丸くとかしつけた場合。前髪の下降線が目立ち、額が狭く見えて寂しげな印象を与えてしまいます。

前髪を額に添わせ、タイトにとかした場合。貼りついた前髪とのコントラストで 顔全体が丸く大きく見えてしまいます。

洗練された優美さを加えるコツがあります。まず、根元を少し立ち上げることで、前髪に曲線が生まれます。さらに、コームの先端をフェイスラインに沿わせながら前髪の下に入れ、軽く持ち上げることで立体感が出ます。これによって奥行きが生まれ、小顔効果が出ますよ。

前髪サイドパートの分け方

サイドパートは顔の左右差が目立ちにくく、縦長に見えやすいです。

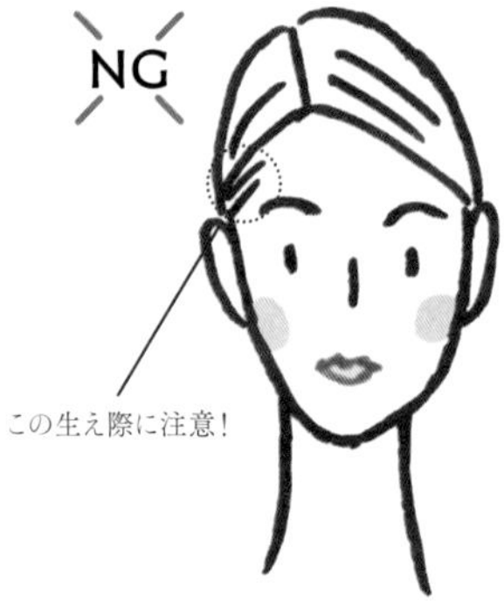
NG
この生え際に注意！

OK!
なだらかな曲線をつけ、
こめかみを隠す
うぶ毛を生かすと
ニュアンスが出る

前髪をサイドに引きすぎると、こめかみの生え際が見えて、フェイスラインが四角くなります。男性的な印象を与え、エレガントさに欠ける結果に。

洗練された女性らしい印象を与えるコツがあります。まず、前髪をサイドに流すときにほんの少し曲線をつけるようにすること。また、パートの分け目にあるうぶ毛をあえて生かすことでニュアンスが加わり、醸し出す雰囲気も柔らかな印象に仕上がります。

PART 2

タイプ別・着物ヘアメイクの視点と技法

鎌田由美子の手にかかると、
着物ヘアメイクの世界は自在に広がります。
洋装と同じように、和装もスタイリングと
ヘアメイク次第で自分らしさを自由に表現することが可能です。
この章では「クラシック」「ネオクラシック」「モダン」の
3タイプに分け、さまざまな着物ヘアメイクを提案します。
古典的な雰囲気そのものを楽しむ作品から、
トレンドを取り入れた遊び心たっぷりな作品まで、
自在に移り変わる世界観をお楽しみください。

CLASSIC

「クラシック」パートでは
着物の古典的な美しさを引き立てるような、
正統派のヘアメイクをご提案します。
日本の伝統を意識しながらも
ほんのりと「今」のエッセンスを取り入れることで、
フレッシュな印象に仕上げました。

額のうぶ毛に
ニュアンスをつけて
可憐なお嬢様に
やわらかさをプラス

「可憐なお嬢様」をイメージした作品です。白い牡丹の花が印象的なブルーのろうけつ染めの着物に合わせ、すっきりと洗練された印象を表現しました。目元はパープルとブルーの2色使いで立体的に仕上げて、キリっとした雰囲気に。唇はコーラルカラーを使っています。ヘアのポイントは前髪で、生え際のうぶ毛にニュアンスをつけて、動きを出しました。額を出すスタイルでは、うぶ毛をうまく活用すると顔周りにグラデーション効果が加わり、やわらかいイメージに仕上がります。

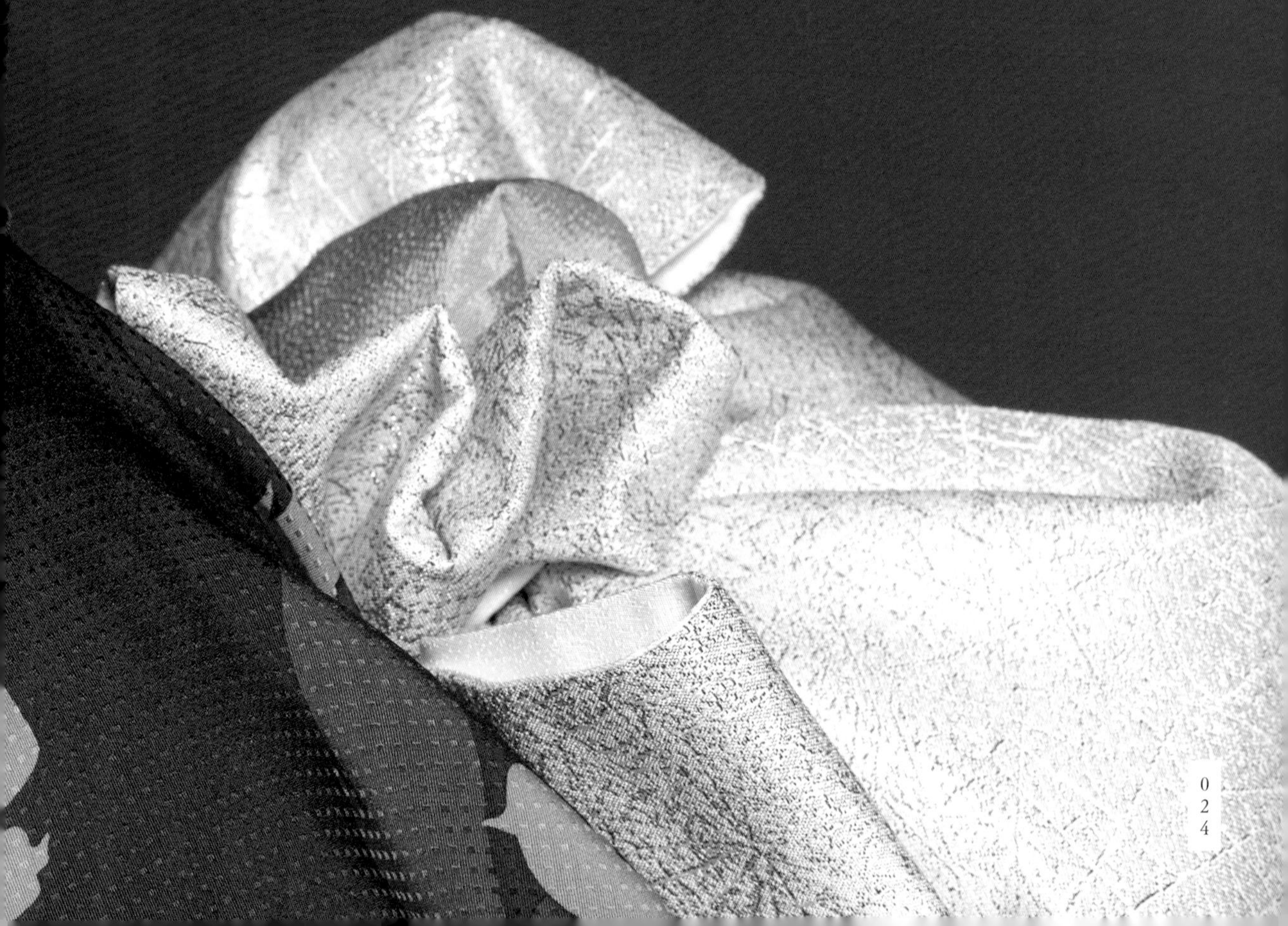

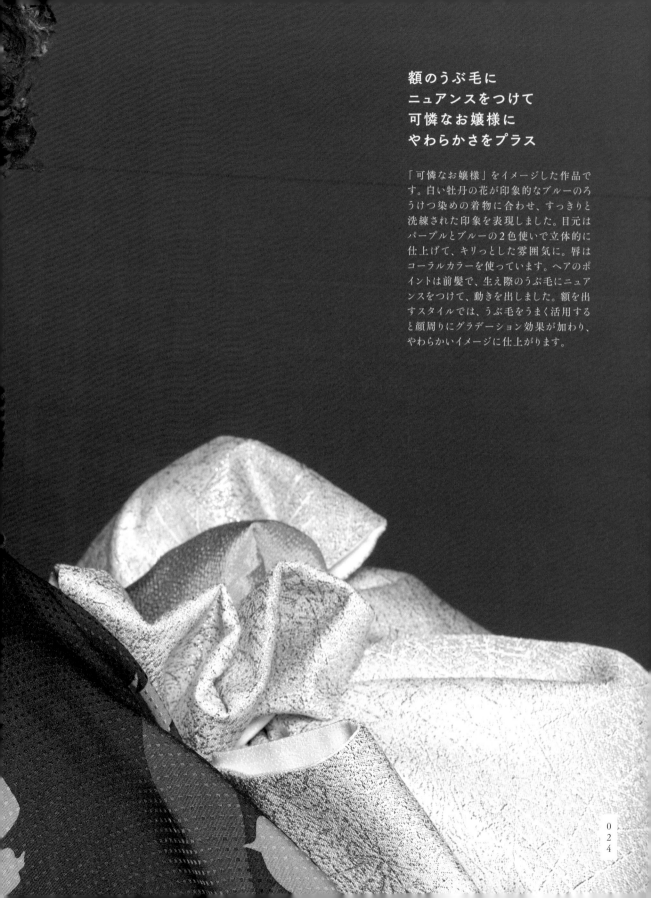

椿の赤が主役のメイク!
ヘアは明るい色の付け毛を
混ぜて立体的に

椿の花のようなロマンティックでスウィートなヘアメイクの提案です。目元はベージュピンクでやわらかく、スウィートな印象に。チークとハイライトを効果的に使い、内側から血色感を高めて、愛らしい花のように仕上げました。ヘアも椿のイメージで、後頭部に向かって奥行きを出し、ふっくらとしたデザインに。髪はワッフルアイロンをかけ、さらに付け毛も入れてまとめることで、ボリュームを出しています。付け毛は、あえて地毛よりも明るい色を入れると、より立体的に仕上がります。

モデレートなレッドの唇と
低めのシニヨンで
ノーブルで洗練された
訪問着スタイルの完成

ノーブルで格調高い手描き京友禅の訪問着なので、シックで洗練された印象のヘアメイクを意識しました。ヘアは襟足でシニヨンをまとめ、上品に。サイドパートに分けた前髪は、少し巻いてニュアンスをつけ、やわらかい印象に。メイクのポイントは口紅で、モデレートなレッドで、落ち着いた雰囲気にしました。目元は少しツヤのある、グレイッシュなアイカラーをセレクト。主張しすぎない色みなので、アイラインはしっかりと濃く描いて、大人の強さも併せ持つ女性像を表現しています。

下まぶたに入れた
紫ピンクのアイカラーと
花びらのような
ボリュームヘアで愛らしく

美しい月下美人の花びらを模したヘアスタイル。ブロッキングした髪を巻き上げ、段になったロールが花のような立体感を表現しています。正面から見ると、頭上や顔の横にロールが見えて、キュートで愛らしい印象に。目元には繊細に輝く紫がかったピンクのアイカラーを使用。下まぶたの目尻寄りにも入れ、そこから頬に入れたコーラルのチークへと自然につなげています。目頭は上下ともハイライトをのせ、白い花びらをイメージ。リップは軽めのテクスチャーの赤をセレクトしました。

日本の伝統美を感じる
絢爛豪華な着物をまとった
可憐でありながら
凛とした、武家のお嬢様

総刺繍が施された、日本の伝統美を感じられる絢爛豪華な着物です。おめでたいモチーフがふんだんに盛り込まれた、まさに「宝尽くし」。重厚感があって華やかですが、ベースが黒なのでシックな印象もあります。この着物を着る女性は、武家の可憐なお嬢様でありながら、芯の強さを秘めている凛とした人――そんなイメージが浮かび、古典的な「髷」を現代の感覚で表現しました。頭上高くにふっくらとした髷を結う、遠い日の「稚児髷」に想いを馳せて。

ヘアは額と襟足をすっきりと出して、シンプルで初々しい印象に仕上げています。着物の色に合わせ、赤と金のちりめんつまみ細工の髪飾りと、ゴールドの組み紐を合わせました。動くと耳の後ろで組み紐が揺れます。メイクはそぎ落として、キリっとクリーンな印象を心がけました。肌はふんわりと仕上げ、黒のアイラインと赤のリップが効果的に映えるようにしています。

インスピレーションの源
Inspirations for CREATION

美しい着物の柄、心ときめくモチーフ、忘れられない思い出の品、優美な髪のうねり――
さまざまなアイテムやヒントを元に、表現したい女性像を作り上げます。
ここではクリエイション発想の源泉を紹介いたします。

絢爛豪華な総刺繍の着物は、赤や金の糸で伝統的な絵柄が表されています。この色に合わせて、赤と金をメイクと髪飾り、帯、帯留めに用いました。

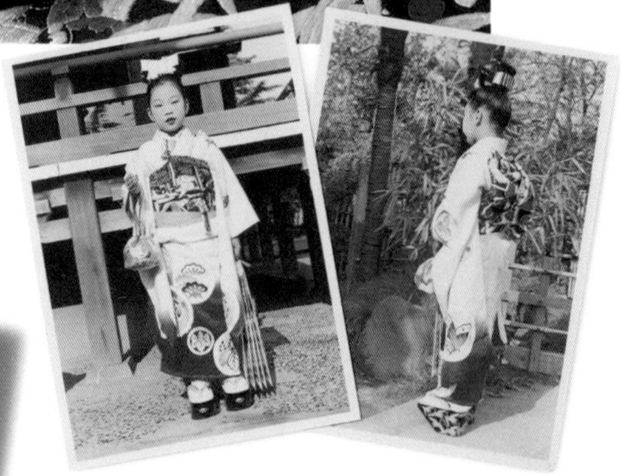

7歳のとき、七五三のお祝いで稚児髷にしてもらいました。嬉しそうに私を見る、両親の笑顔とセットで記憶に残っています。凛とした雰囲気が出るので、この思い出の髷を現代風にアレンジしました。

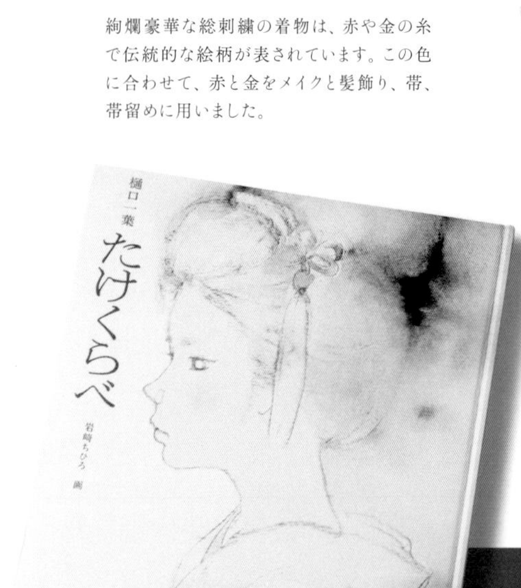

小学生のころ、樋口一葉による『たけくらべ』の表紙に描かれた、いわさきちひろさんの絵に夢中になりました。大人と子どもの中間で揺れる主人公・美登利のイメージ通りで、この日本髪のエッセンスを取り入れたいと思いました。

ちりめんつまみ細工の髪飾りは愛らしく、初々しい印象を与えます。帯留めにも金を用いて、華やかな晴れの日のイメージで作り上げました。

仕上がりイメージ

晴れの日らしい
赤と金を基調にして
初々しくも
華やかな印象に

KEYWORD

伝統　華やか　凛
シンプル　クラシック

刺繍の色にある赤と金を基調とした仕上がりに。額をすっきりと出す稚児髷のアレンジで初々しく仕上げながらも、赤のつまみ細工の髪飾りと金の組み紐を合わせて、晴れの日らしい華やかさもプラスしました。赤リップも加えて、凛とした印象に。

シンプルだからこそ、美しさは際立つものです。凛とした印象を目指すため、メイクはそぎ落とし、刺繍の赤と同調するトーンの赤リップを主役にしました。

全体的に ふんわりと仕上げて 優しく凛とした印象に

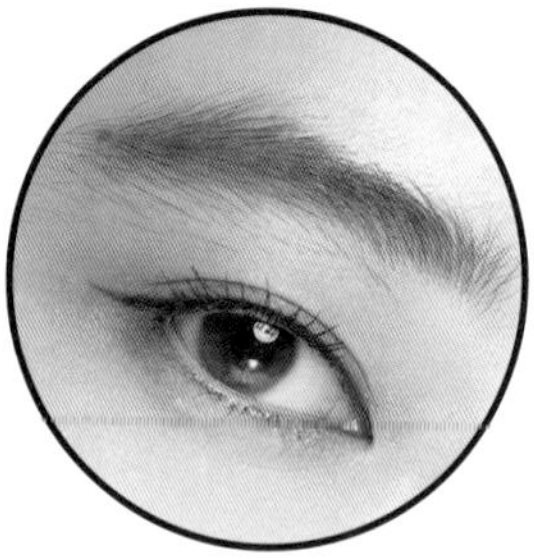

EYES

アイホール全体をパール感のあるウォームカラーでふんわりと。まぶた中央にゴールドパールを重ね、立体感を与えます。黒のリキッドラインは目尻にポイントを置いて、キリっとした印象をプラス。目尻の下まぶたにブラウンを入れ、奥行きを出しています。眉は自然な太さを生かし、隙間を埋めて整えました。

CHEEKS

ベースはリキッドファンデーションを使い、フェースパウダーを重ねながらふんわり明るく仕上げています。チークはピンク系の色みを選び、血色感をプラス。頬の高い位置から楕円形に入れ、ふんわりとなじませました。

LIPS

刺繍の赤色に合わせて、深みのあるレッドをチョイス。質感はハーフマットで、上品な印象に仕上げています。リップラインを描き、少しぼかすことで、やわらかな印象を高めました。

自分でできる

ポニーテールの応用でできるボリュームのある伝統的なヘアスタイル

ポニーテールの応用編で、毛先からすき毛を巻き込みながら、大きな髷を作ります。内側の髪の毛が表面に出るので、事前にしっかりとブラッシングすることが大切。均一に軽くワックスをつけておくとまとめやすくなります。ポニーテールを作るときは、襟足の毛がたるまないよう、あごを上げながら結んでください。髷を仮留めしたら、両手で髷の髪を左右に引き出して広げながら、髪と顔のサイズに合わせ、全体のボリュームを調整します。

準備するもの

- □すき毛
- □ブラシ
- □コーム
- □ダッカール
- □ヘアゴム
- □Uピン
- □アメリカピン
- □組み紐やリボン
- □ヘアワックス
- □ヘアスプレー

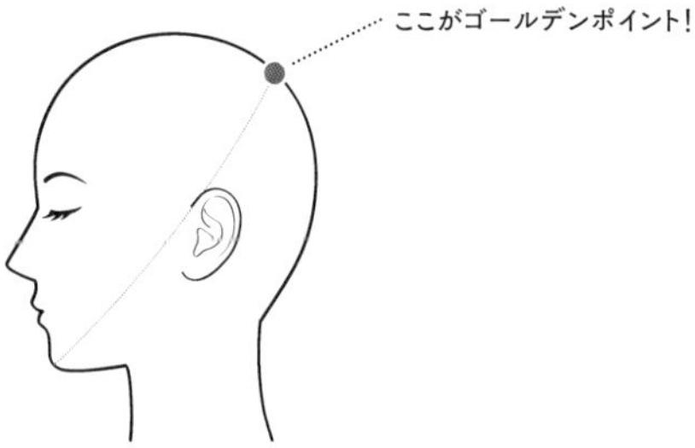

素材提供／PIXTA

1

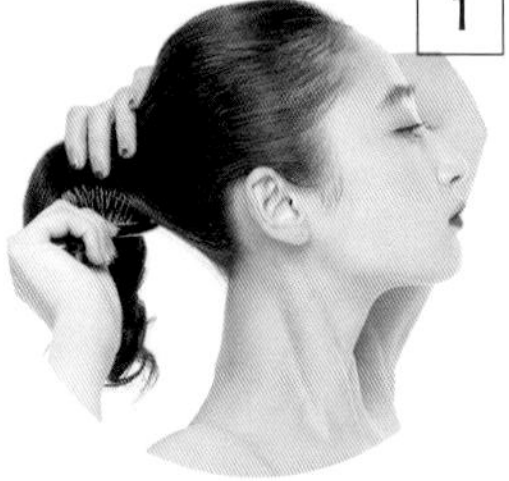

ポニーテールを作ります。ヘアワックスをつけ、襟足の髪がたるまないよう、顎をあげて髪を引き上げるようにとかしましょう。

2

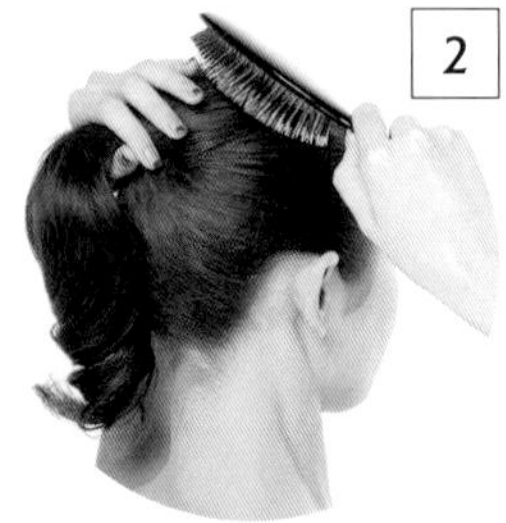

凹凸がないよう、よくブラッシングして、表面をなめらかに整えます。

3

フェイスラインの延長線上にあるゴールデンポイントに、ゴムで結びます。

4

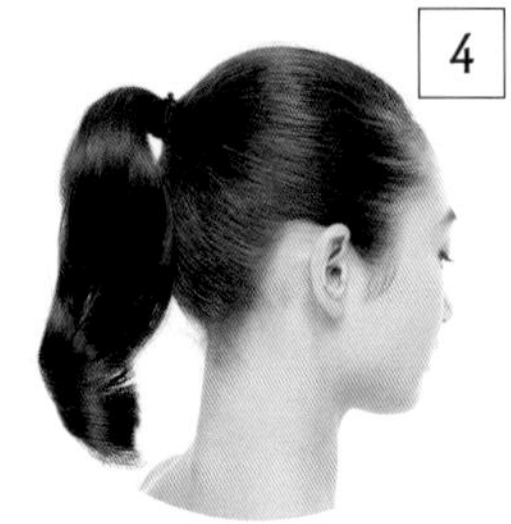

このように、ゆるみやたわみのないポニーテールに仕上げます。

5

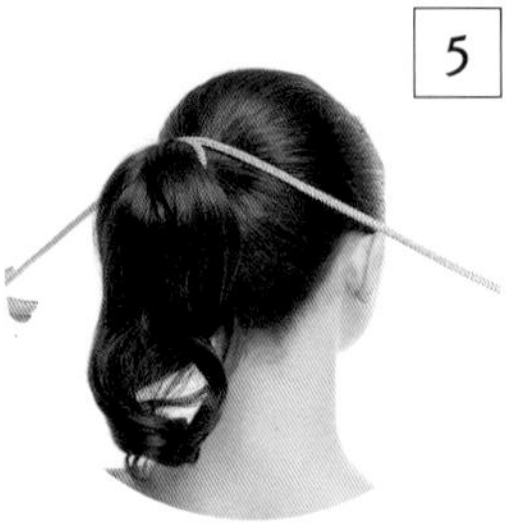

結び目の下から組み紐を通し、上でクロスさせ、軽く結んで紐を垂らします。

6

結び目にかぶせるように毛束を持ち上げ、頭頂部で毛束をダッカールなどで留めておきます。

7

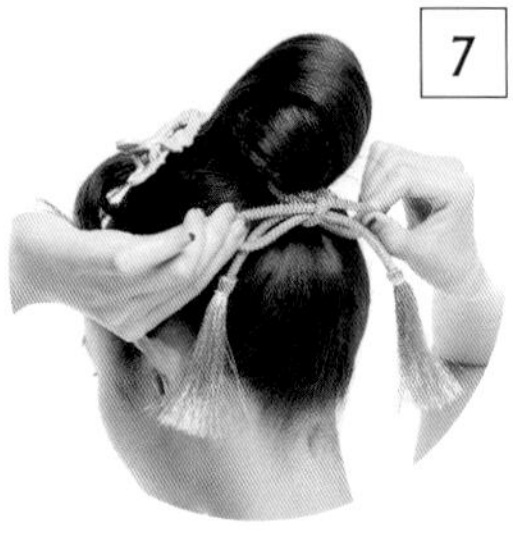

結び目の下で、組み紐を蝶結びにします。

8

ダッカールを外し、表面に出る髪を整えてから、すき毛を内側に巻き込んでいきます。

9

髷を作るイメージで、頭頂部に向けて髪にすき毛を巻き込んでいきます。

10

髪を巻き込みながら、髷の形や大きさを整えます。

11

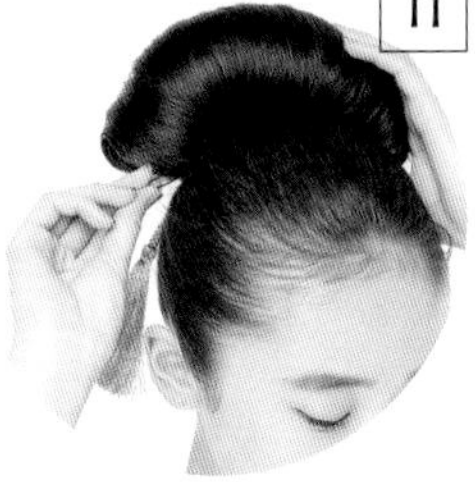

巻き終わったら、髷の端と中央にUピンを縫うように挿して地毛と髷を仮留めします。

12

後ろから前に向けて、髷の表面をコームできれいに整えます。

13

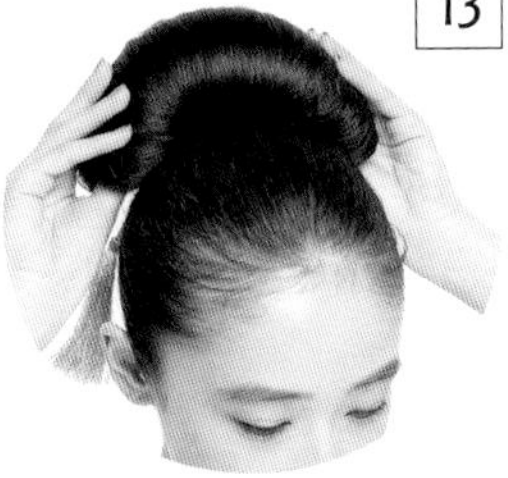

髷の両端に指を入れて、丁寧に横に広げ、髷の形と大きさを確認します。

14

改めてUピンを縫うように挿して、髷をしっかり固定します。

15

不安定なところはアメリカピンで固定します。最後にヘアスプレーで固定します。

完成

ふわりと優しく浮かび上がる
可憐な白梅の着物で
新年のご挨拶に伺う、
優雅な大人の女性をイメージ

私は梅の花が好きです。寒い時期から懸命に咲き、春の到来を告げる可憐な梅の花——年齢を重ねるごとに、ひたむきなその美しさに惹かれるようになりました。光琳梅の手描き友禅染めの訪問着から優雅さやエレガンスを感じ、上品な大人の女性像が浮かんできました。優しい梅のフォルムが描かれた着物を身にまとい、新年の挨拶に訪れた女性。髪には白梅のかんざしを挿して、その品格のある華やかさで人々を魅了する。そんなイメージで作っていきました。

ヘアは毛流を生かして、全体的に優美な曲線を描き、やわらかい印象に仕上げました。大きめに結ったシニヨンは襟足に添わせることで、上品な印象を与えます。白梅のかんざしは華美になりすぎないよう、二輪をさりげなく。メイクはベージュを基調としたシックな色合いで、穏やかな品のよさを表現しました。リップの赤は「唐紅」の色をイメージし、優美で落ち着いた印象に仕上げました。

インスピレーションの源

Inspirations for CREATION

美しい着物の柄、心ときめくモチーフ、忘れられない思い出の品、優美な髪のうねり——さまざまなアイテムやヒントを元に、表現したい女性像を作り上げます。ここではクリエイション発想の源泉を紹介いたします。

華美ではないけれど、可憐で品格のある美しさを持つ白梅。この着物に描かれた白梅は、ころんとした丸いフォルムが優しく、優雅な女性像のイメージにつながりました。

着物とメイクのバランスを考えるとき、配色の本をよく参考にします。ここでは『和の伝統色ブック』の中にある「唐紅」という色に心惹かれ、それがリップの色選びのエッセンスとなっています。

かんざし作家である、榮さんにお願いして作っていただきました。小さな白梅の花は2輪だけ、という控えめなところが上品で美しいです。この可憐さに合うヘアスタイルを目指しました。

仕上がりイメージ

ゆったりと結い上げた髪と
ベージュ系メイクで、
優美でたおやかな
品格のある大人の女性に

髪は2つのシニヨンをゆったりと結い上げることで、毛流れの美しさが際立ち、品格と優雅さのある大人の女性像を演出。着物の優しい色合いに合わせ、ピンクベージュ系のアイカラーに、深みのある唐紅のリップを合わせ、穏やかな印象に。

KEYWORD

品格　エレガント
ラグジュアリー　洗練　優美

着物に描かれた白梅は、ほんのりピンク色。それに合わせ、肌なじみのよいピンクベージュ系のアイカラーを用いて、穏やかなトーンの目元に仕上げたいと思いました。

穏やかなトーンの目元に 気品のある口元で 上品な印象に

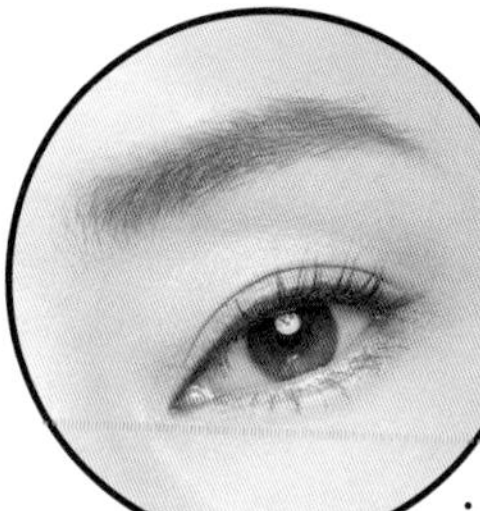

EYES

やわらかな着物の色合いに合わせ、目元は穏やかなトーンのベージュ系をチョイス。ハイライトで陰影をつけることで、目元のメリハリを高め、大人っぽく仕上げています。眉はきれいに整えながら、自然にぼかして上品に。

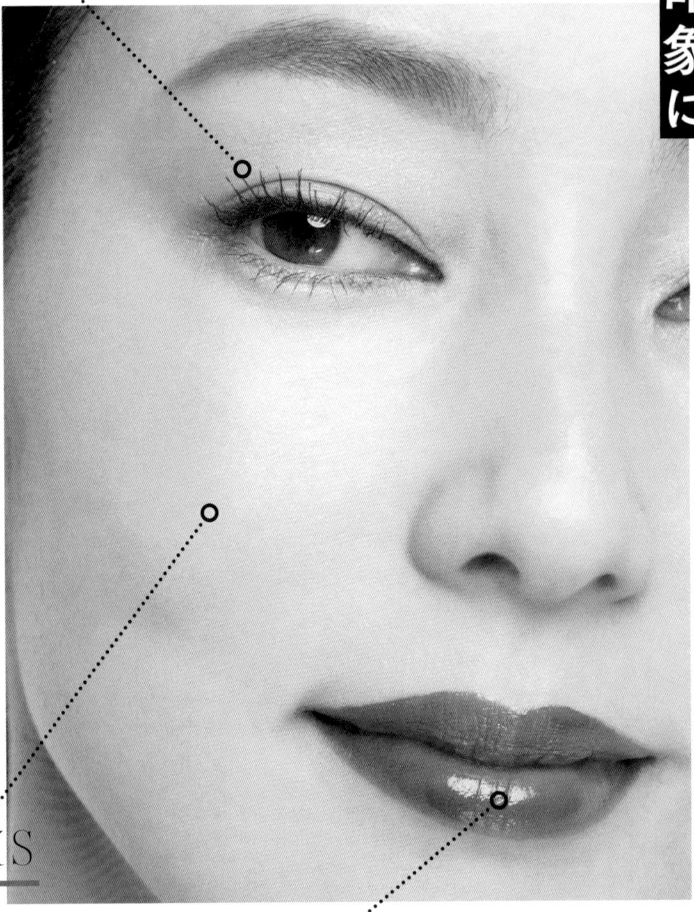

CHEEKS

チークには、肌なじみのよいツヤのあるレッドを使用。自然な血色感を出し、大人の雰囲気に。さらに、ツヤのあるピンクをチークの周りに入れてハイライト的に使用することで、全体にやわらかい印象をプラスしています。

LIPS

グロスルージュは穏やかな紅色の「唐紅」に近い色合いを選び、つややかで立体的な口元で表現。リップライナーで輪郭を取り、ラインをぼかしながらグロスの色みとなじませることで、上品な色合いに仕上げています。

プロ
に任せる

自然な毛流を生かした立体感のあるダブルシニヨン

自然な毛流を生かし、ゆったりとまとめたヘアスタイルです。セットアップローションをたっぷりつけてからブローし、ツヤとハリを出しておくと毛流の美しさが際立ちます。フロント部分の髪にボリュームが少ない人は、前髪部分を毛流と逆らうようにカーラーで巻くとフロント部分が立ち上がります。後ろの2つのシニヨンは、少しずらして重ねることで立体感を出します。下側のシニヨンは襟足に添わせることで、優雅な印象に仕上がります。

準備するもの

- □すき毛
- □ブラシ
- □コーム
- □ダッカール
- □Uピン
- □アメリカピン
- □ホットカーラー
- □カラーローション
- □ヘアワックス
- □ハードスプレー

1

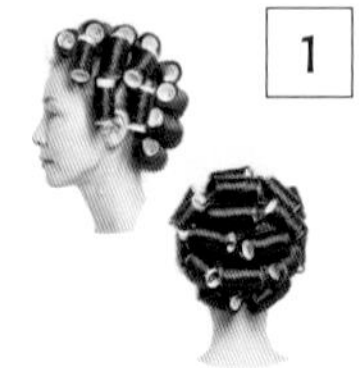

髪全体にローションをつけ、軽くブローしてから全体をホットカーラーで巻きます。

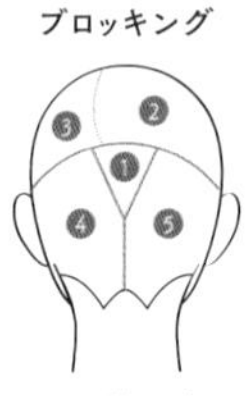

この位置で髪をブロッキングします。書かれている数字の順に進んでいきます。

素材提供／PIXTA

2

右のイラストを参考にブロッキングします。

3

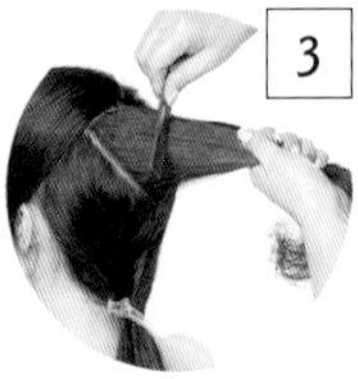

中央に「根」を作ります(ブロッキング❶)。根の髪にコームで逆毛を立てます。

4

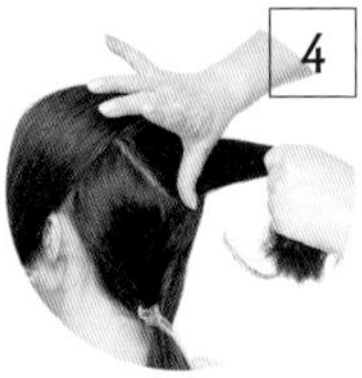

逆毛を立てた毛束を親指に巻きつけていきます。

5

毛先まで親指に巻きつけます。

6

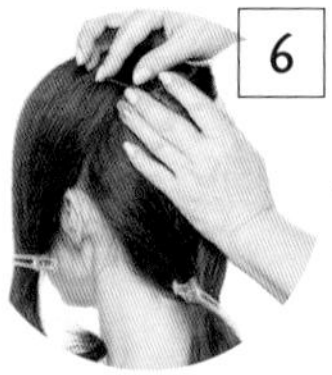

巻き終わったら小さくフラットに整え、アメリカピンで固定します。

7

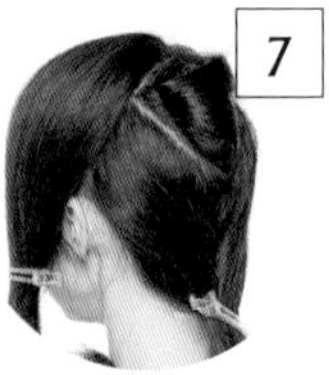

「根」の完成です。

8

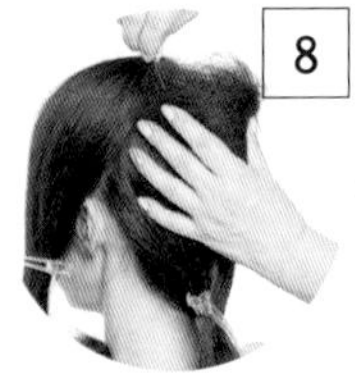

根の上に、すき毛をかぶせて、アメリカピンで固定します。

9

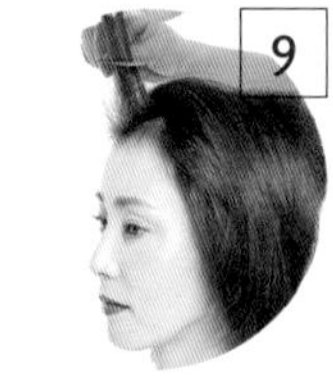

フロント部分のダッカールを外し、前髪から逆毛を立てていきます。

10

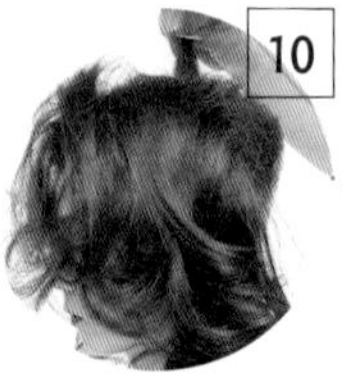

全体に逆毛を立てたら、軽くスプレーします。

11

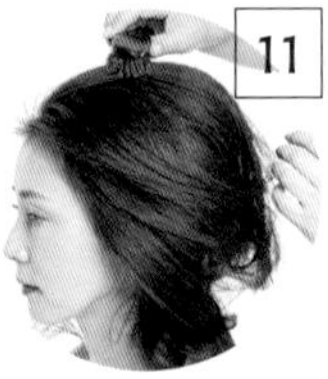

逆毛をつぶさないようにしながら、フロント部分の髪の表面をブラシで整えます。

12

サイドの髪もフロント部分とともに毛流を整えます。

13

サイドの❷の髪を後方に向けてブラシで整えます。

14

逆サイドの❸の髪も同様に毛流を整えます。

15

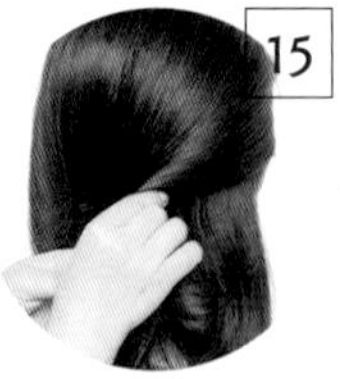

耳上の❷の髪を、バランスを見ながら内側に軽くひねります。

16

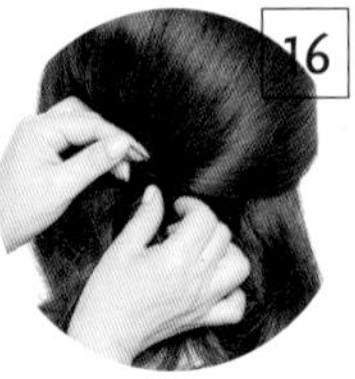

ひねった髪と土台をピンで固定します。

17

左側の❸の髪も同様に、内側に軽くひねります。

18

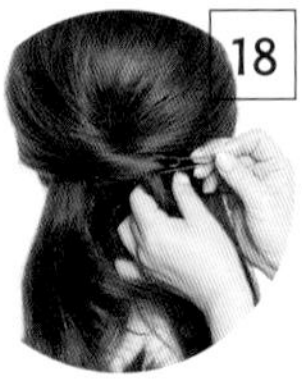

右サイドの毛とクロスさせながら、ピンで固定します。

19 ブロッキングの❹と❺の髪に分けます。

20 ❹に逆毛を立てていきます。

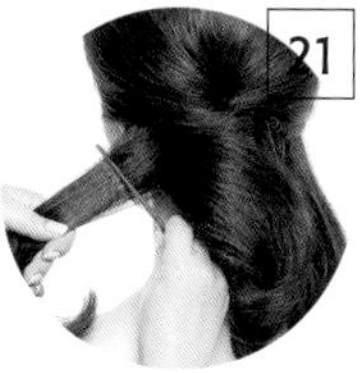

21 下の毛まで逆毛を立てます。

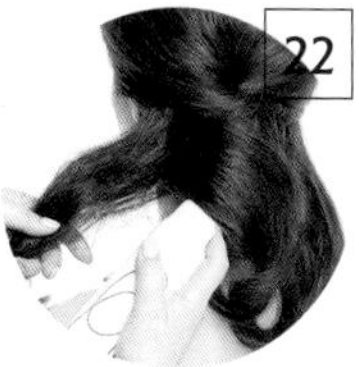

22 軽くヘアスプレーをつけ、まとまりやすくします。

23 内側にブラシを入れて、軽くとき始めます。

24 ❹の毛の表面を整えながら、⑱のサイドにつなげていきます。

25 ⑱につなげるように、右手の親指に巻きつけながら、毛束をひねります。

26 ひねりながらロールをUピンで固定します。

27 左パートは完了です。

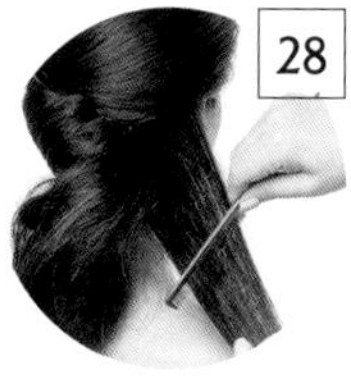

28 同様に、❺もコームで逆毛を立てていきます。

29 下の毛まで、すべて逆毛を立てます。

30 軽くヘアスプレーをつけ、まとまりやすくします。

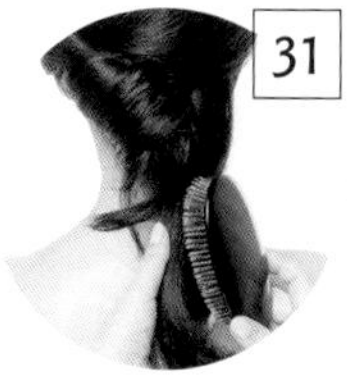

31 表面の毛をブラシで整えながら、左方向にゆったりと持っていきます。

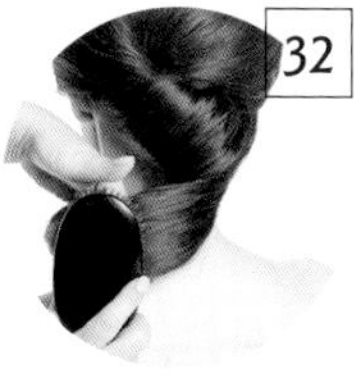

32 襟足に沿うように左手で下部を押さえながら、毛束を持ち上げます。

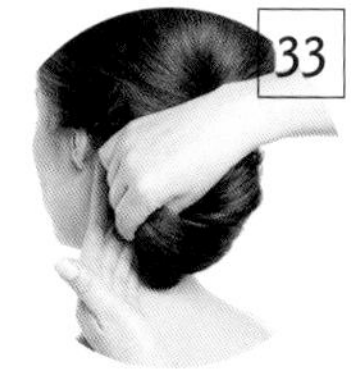

33 毛先を内側に折り込み、ゆったりとしたシニヨンを作ります。

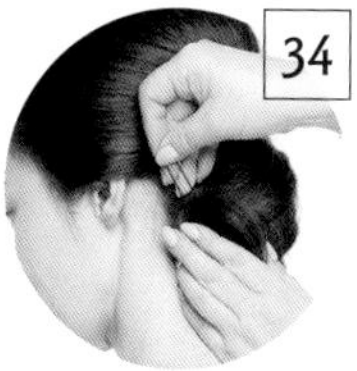

34 毛先に動きをつけながら、Uピンで固定し、形を整えます。

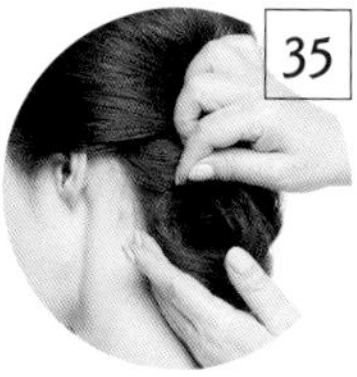

35 不安定なところはアメリカピンでしっかりと固定します。

完成

明治時代、
銀座の街に集まった
女性たちのように
粋な縞の小紋に
大ぶりの束髪を合わせて

明治時代、西洋文化の影響で日本人の価値観が変わりつつあったころ、銀座などの繁華街にはおしゃれな装いの女性たちが集まりました。そんな当時のトレンドセッターたちが好んだのが、洋髪の影響を受けた「束髪」です。本藍染めの縞の小紋に羽織をまとうスタイリングから、束髪姿の粋な女性像をイメージしました。主張の強い朱赤のリップや、紫の半襟、彫漆の一種である堆朱のかんざしなどをアクセントにし、大胆で個性的なスタイルに仕上げています。

大胆なくらい大きめに作り上げた束髪は、毛先を織り込んで粋な印象を演出します。今だからこそ、クラシカルな髪型で個性美を楽しみましょう。アクセントとして漆を幾層も重ねて作られた、堆朱のかんざしをつけました。縞模様のキリッとした雰囲気に合わせて、眉と目元はすっきりと仕上げ、主張の強い朱赤のリップをポイントにしています。

インスピレーションの源 Inspirations for CREATION

美しい着物の柄、心ときめくモチーフ、忘れられない思い出の品、優美な髪のうねり——
さまざまなアイテムやヒントを元に、表現したい女性像を作り上げます。
ここではクリエイション発想の源泉を紹介いたします。

縞の幅や色合いで印象が変わります。この着物は、色のトーンと幅の異なる縞が組み合わさり、粋な印象を受けました。また、本藍が深くすっきりとした色なので、キリっとした粋な女性像が浮かびました。

うるしを何層も重ねて厚みを出し、そこに文様を掘り起こす「堆朱」という技法を用いたかんざしです。自然と浮かび上がった縞模様は大胆で個性的。シンプルな髪型にアクセントを加えたくて選びました。

明治から大正時代の初めに流行した束髪のひとつが、ひさし髪です。前髪を大きくふくらませ、ひさしのように突き出すのが特徴です。女優の川上貞奴が結ったことで、当時の女学生たちを中心にトレンドになりました。

「ひさし髪」（大正期の絵はがきより）／資生堂企業資料館蔵

仕上がりイメージ

美しい毛流れで ふっくらと結い上げた束髪に メイクは大人の朱赤を 主役にして華やかに

シンプルな毛流の美しさとボリューム感がポイントのスタイル。すき毛をたっぷりと入れて、空気を含んでいるような柔らかさを演出しました。

毛流の美しさとボリューム感がポイントのスタイル。すき毛をたっぷりと入れて結い上げ、弾力のあるやわらかい印象に仕上げます。アイラインを引いた自然な目元に対して、口元はシックな色合いの赤リップを効かせ、あでやかな個性も演出します。

KEYWORD

粋 華やか クラシック すっきり 個性的

艶やかさと落ち着き 深みのある朱赤のリップが主役！ 黒のアイラインで引き締めて

EYES

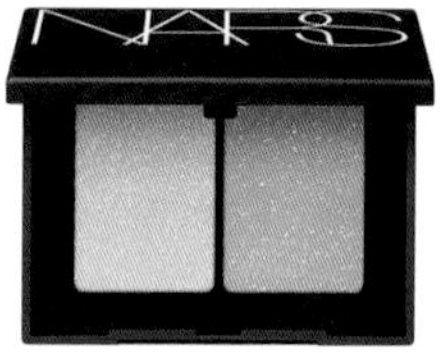

繊細に輝くベージュとブラウンのアイカラーを選び、自然なグラデーションで深みある目元を演出。黒のアイラインをくっきりと入れて、目元を引き締めて。眉は太めで、きりっと仕上げています。

CHEEKS

ベースはナチュラルに仕上げます。顔の中心部をハイライトで明るめにすると、立体的で洗練された印象に。チークは肌なじみのよい、ピーチカラーをふんわりと。頬骨に沿って楕円形に入れることで、立体感を出しています。

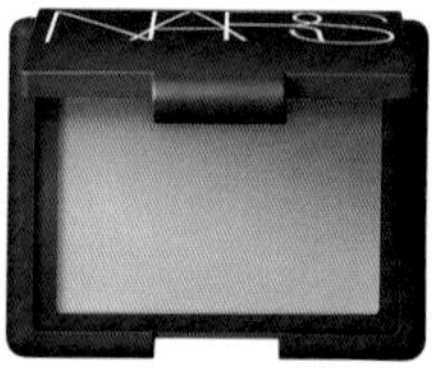

LIPS

艶やかさと落ち着きをあわせ持つ、深みのある朱赤をセレクト。赤リップを主役にするメイクは、美しい輪郭が大切です。紅筆を使って丁寧にラインを引き、シャープな輪郭の口元に仕上げましょう。

プロ
に任せる

美しい毛流とボリューム感のあるシンプルなアップスタイル

シンプルな毛流の美しさとボリューム感がポイント。最初にカーラーローションをつけてからブローし、ツヤを出しておきましょう。きちんとブロッキングをしておくことも大切です。順番通りに髪を結い上げていくと、表面のつながりが美しく見えるようにデザインしています。フロント部分にはすき毛をたっぷりと入れてください。襟足がたるまないようにしましょう。

準備するもの

- □すき毛
- □ブラシ
- □コーム
- □ダッカール
- □シングルピン
- □Uピン
- □アメリカピン
- □ホットカーラー
- □カラーローション
- □ヘアワックス
- □ハードスプレー

1

髪全体にローションをつけ、軽くブローしてから全体をホットカーラーで巻きます。

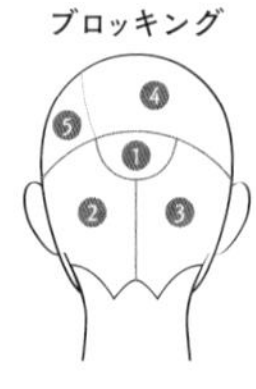

この位置で髪をブロッキングします。書かれている数字の順に進んでいきます。

素材提供／PIXTA

2

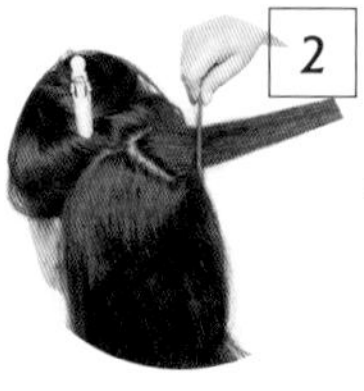

全体に軽くヘアワックスをつけ、ブロッキング❶に逆毛を立てます。

3

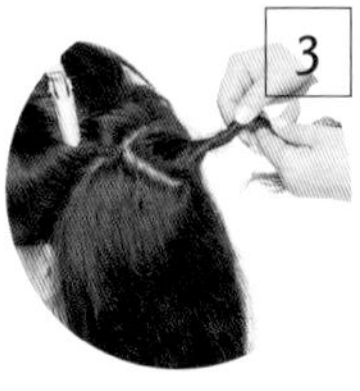

毛束をしっかりとねじっていきます。

4

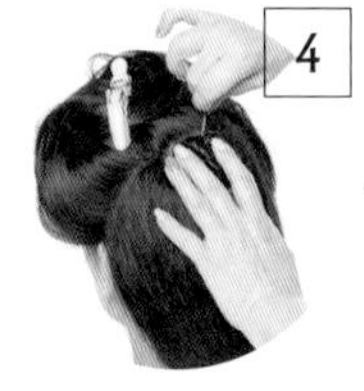

これ以上ないほど、毛束をねじって小さくなったら、アメリカピンで固定します。

5

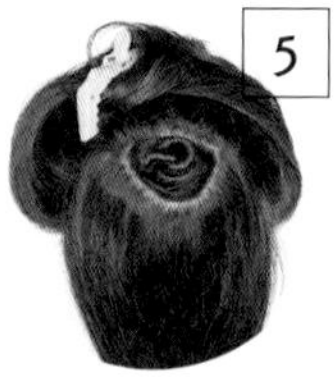

「根」の完成です。

6

下の髪全体に逆毛を立てます。

7

根元の逆毛も丁寧に立てましょう。

8

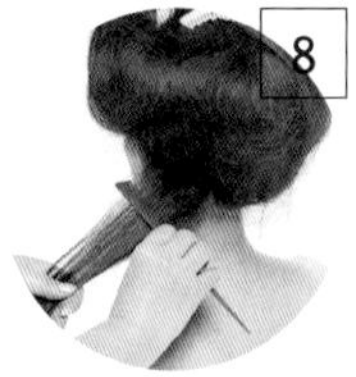

襟足まで逆毛を立てていきます。

9

逆毛を立てたら、全体にヘアスプレーをかけます。

10

根にすき毛をかぶせ、平らにします。

11

アメリカピンで固定します。

12

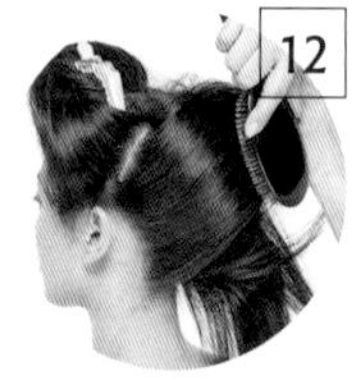

ブロッキング❷の髪を軽く整え、ブラシで形づけます。

13

ヘアスプレーを軽くつけ、表面を整えます。

14

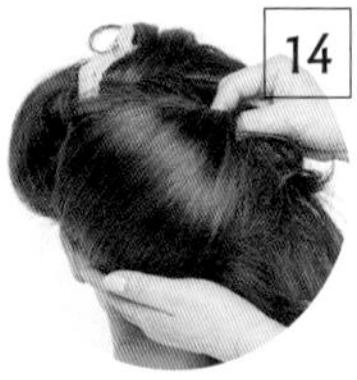

毛流を整え、形とバランスを確認します。

15

根元で髪を軽くひねります。余った毛先は内側に折り込みます。

16

ひねった部分をUピンでしっかり固定します。

18

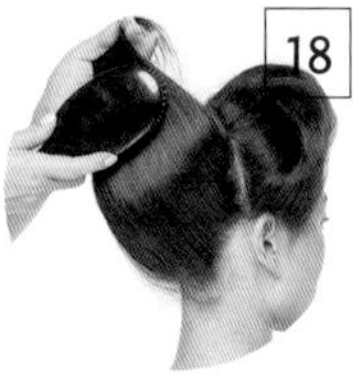

ブロッキング❸も同様に仕上げます。

19

表面を整え、ヘアスプレーで固定します。

20

襟足の毛を左手で押さえながら、形とバランスを確認します。

21

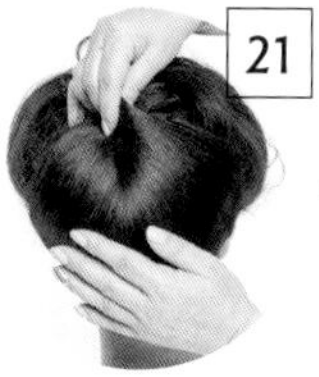

襟足の毛を左手で押さえ、右手で毛先を軽くひねります。

22

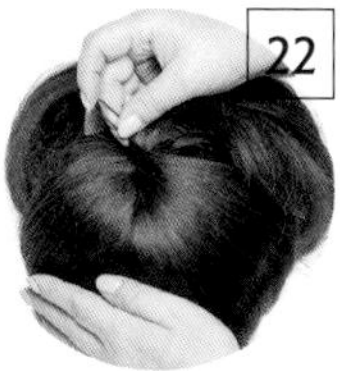

余った毛先を内側に折り込み、ピンでしっかり固定します。

23

フロント部分は前髪から丁寧にコームで逆毛を立てていきます。

24

全体に逆毛を立てます。

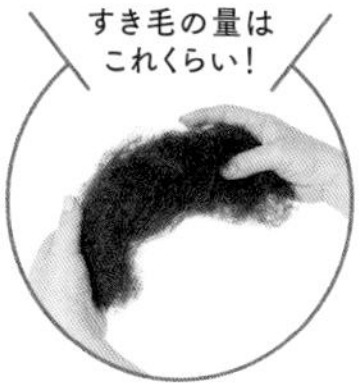

25

フロント部分の髪を放射状に広げ、すき毛を乗せます。

26

アメリカピンですき毛を固定します。

27

ブラシでブロッキング❹の髪の表面をとかしながら、すき毛にかぶせ、毛流を整えます。

28

コームで表面を整えます。

29

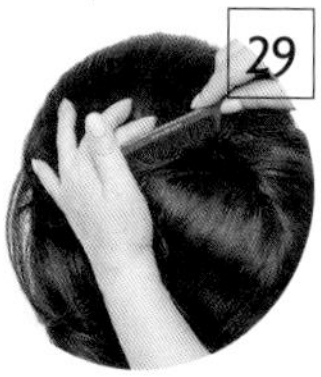

境目も毛流をきれいに整えます。

30

前髪からの毛流をシングルピンで留めておきます。

31

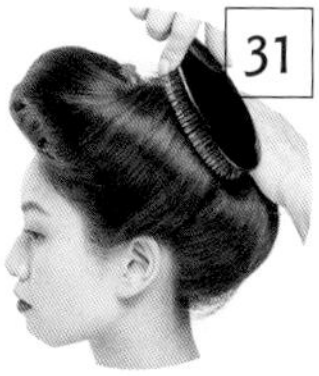

ブロッキング❺の毛流を整えながら、バランスを確認します。

32

コームで表面を整えます。

33

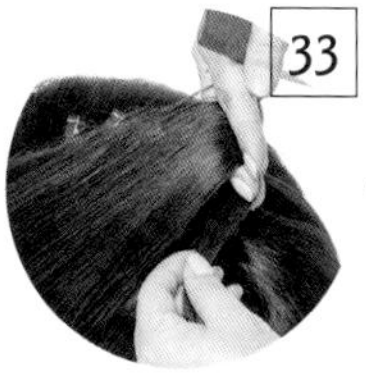

指で挟んで、毛先を内側に折り込みます。

34

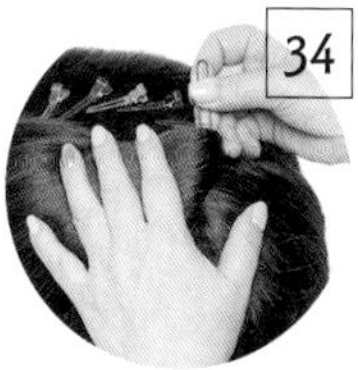

毛先を隠しながら、ピンで固定します。最後にスプレーをかけてからシングルピンを外します。

完成

NEO
CLASSIC

鎌田由美子が得意とするヘアメイクは
背景となる時代を設定し、
その時代ならではのムードを楽しみながら
トレンド感もたっぷりに仕上げるスタイル。
この「ネオクラシック」パートでは、
レトロな雰囲気を残しながら
今らしさも取り入れ
新しいクラシックの世界を完成させました。

黒のアイラインと
動きのあるシニヨンで
アクティブで強い女性像を
イメージ

屏風の枠を思わせる、大胆でグラフィカルな着物です。目元は、黒のアイラインを長めに入れて強調し、印象的に仕上げました。アイカラーは肌なじみのよいブラウン系ピンクを、まぶたの上下に。太い眉をソフトに描き、フレッシュでアクティブな表情に。唇には赤リップで口角をすっきりと。ヘアは大きく巻いた毛先を、逆毛を立てながらダイナミックに巻き上げ、アクティブな女性像を印象づけました。

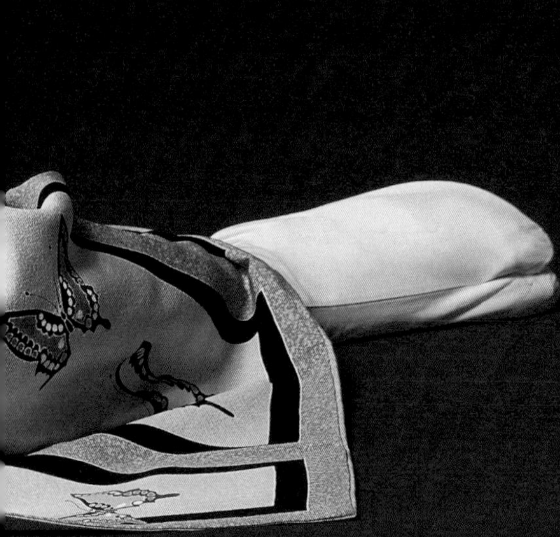

ツヤ感のある肌と
顔にかかったウェーブが
どこか退廃的な色気を
醸し出す

大胆な色使いとモダンで緻密なデザインのドレスのような着物。この着物は、見た瞬間に昭和レトロな世界観と、そこに佇む熱っぽく美しい女性が頭に浮かびました。着物に色が多いので、メイクは色を抑えて質感を重視。目元にはパール感、頬からこめかみにかけてはツヤ感を出し、色っぽい雰囲気に。口元はローズピンクで、モダンな印象に仕上げました。髪はセンターパートに分け、巻いた髪の毛流を生かしながらドラマティックにまとめます。顔にかかったウェーブが、退廃的なムードを醸し出します。

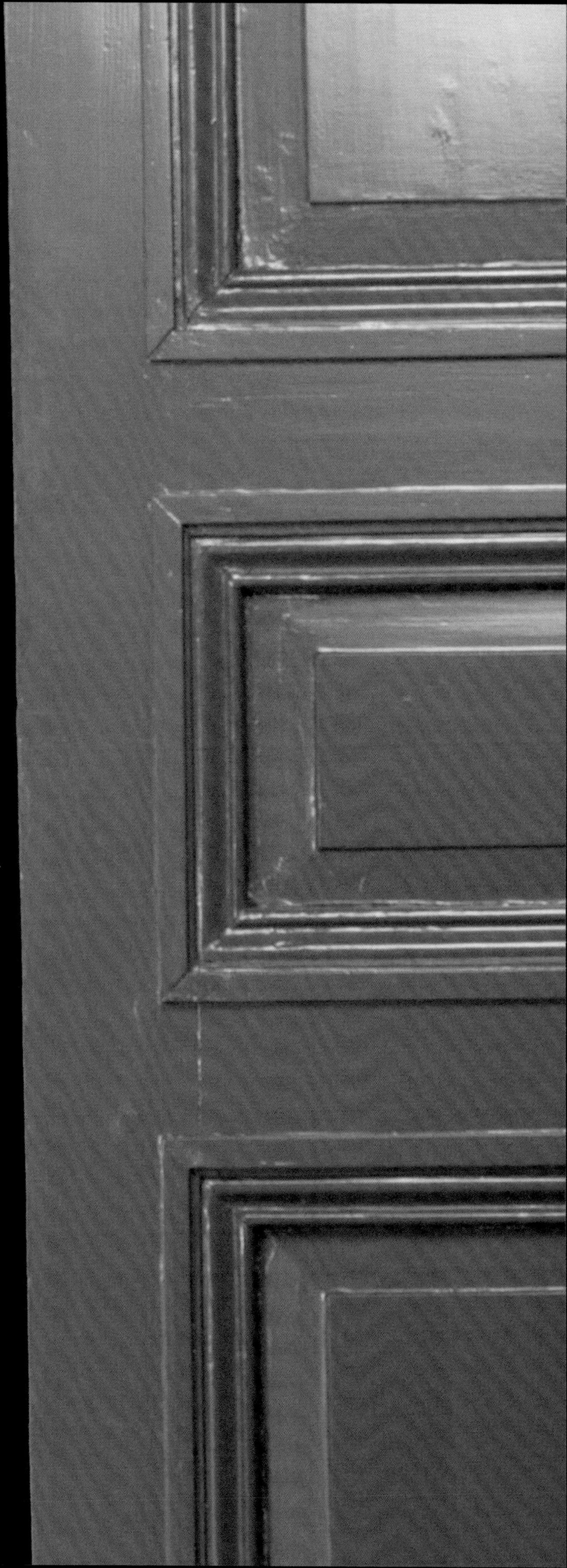

大胆に揺れるグラフィカルな縞模様に負けない強い目元と迫力のあるボリュームヘア

モデルが着て動くたび、グラフィカルな縞模様が大きく揺れ、エッシャーのだまし絵を思い出させる緻密でダイナミックな装いです。着物の迫力に負けない、3つの大きなロールで構成したアシンメトリーなスタイル。毛先をわざとハネさせたり、まとめ髪の表面の毛を少し引き出したりして軽やかさをアップしました。アイメイクは、ブロンズ色に近いカッパーのアイカラーを使い、強い目元に。同系色のオレンジがかったチークを立体的に入れ、口元は黄みがかったピンクですっきりと仕上げています。

琳派をオマージュした
個性派ヘアメイクで
昭和レトロをポップに演出

琳派・尾形乾山の陶器をモチーフにした、型染の着物。このデザインと配色がおしゃれでかわいい。着物のピーコックカラーをヘアメイクのキーカラーにしました。この柄に合わせたグリーンのラインストーンが輝くジュエリーを髪に用いて、昭和レトロでエキゾチックな雰囲気のヘアスタイルに仕上げました。髪全体にワッフルアイロンをかけ、センターパートでレトロな印象の中にモダンさをプラス。メイクは、上まぶたにピーコックグリーンを大きく丸く入れて印象的に。下まぶた全体にはスモーキーなピンクを入れ、そこからピーチカラーのチークにつなげています。口元はベージュピンクで、ヌーディに仕上げました。

大正ロマン独特のアンニュイな
雰囲気を取り入れて
あでやかさと儚さを併せ持つ
牡丹の花のような女性に

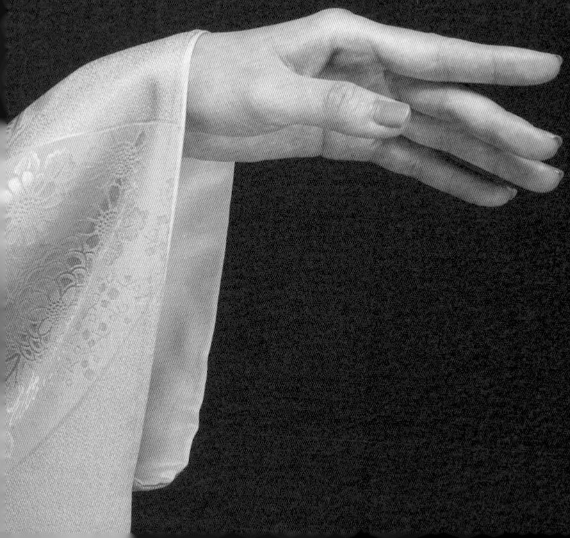

牡丹の花は大輪で豪華ですが、散るときは一気に散り去ります。そんなあでやかさと儚さを併せ持つ牡丹の花を表現したいと思いました。訪問着には牡丹を含めた春の花が描かれ、帯にも帯留めにも髪飾りにも牡丹、刺繍の半襟は桜模様と、とことん花尽くしのコーディネートに。さらに、この着物が大正時代のアンティークだと知り、退廃的なムードのある大正ロマンの世界観も織り交ぜて、可憐でアンニュイな色香の漂う女性像を作り上げました。

大正時代は着物の着こなしもメイクも、明治時代よりもっと自由になった時代です。和洋折衷によりモダンさが際立ち、女性の華やかさも開花しました。私にはこのころの女性たちがとてもロマンティックな存在に感じられます。目元から頬にかけてピンク色がふんわりと広がるようにし、美しく儚げな牡丹の花を表現。ヘアにはラフなウェーブを取り入れてやわらかな質感を出し、ボリュームのあるかんざしをつけてバランスを取っています。

美しい着物の柄、心ときめくモチーフ、忘れられない思い出の品、優美な髪のうねり――
さまざまなアイテムやヒントを元に、表現したい女性像を作り上げます。
ここではクリエイション発想の源泉を紹介いたします。

こちらもかんざし作家の榮さんにお願いして、作っていただいたもの。ボリュームのあるヘアとのバランスを考えながら、色調やサイズ調整を重ねていきました。

今回のヘアメイクを考案するために、参考にしたのがこの2冊。『美人のつくりかた』は、明治から昭和初期までの広告ポスターが掲載され、アンティークな雰囲気の参考に。ミュシャの絵からは、花とのバランスや優美なウェーブアレンジを作るヒントを得ました。

アンティークの着物に合わせ、帯にも帯留めにも牡丹をあしらったものを用いました。花尽くしのコーディネートですが、少しくすんだピンクが大人っぽさをプラス。

仕上がりイメージ

全身で大輪の牡丹の花を表現する愛らしくて柔らかなイメージで

山名文夫さんやミュシャの絵にある女性のような、柔らかくてボリュームのあるウェーブヘアで、ロマンティックな雰囲気に。メイクには、牡丹の花のような鮮やかで愛らしいピンクを使って、全身で一輪の花のように見える女性をイメージしました。

戦前から資生堂のイラストレーター兼デザイナーとして活躍されていた、山名文夫さん。「資生堂スタイル」を確立したアールデコ調のイラストは、今も資生堂の象徴となっています。彼の繊細で優美なスタイルは、私のヘアメイクデザインの大切な要素です。

昭和7年発売の「モダンカラー粉白粉」（複製品）／資生堂企業資料館蔵

KEYWORD

可憐　アンニュイ　ロマンティック　ふんわり　大正ロマン

実家の庭に、毎年春になると牡丹の花が咲いていました。この写真は、その牡丹を撮影したもの。今は実家からは離れて住んでいるのですが、牡丹の花を見ると家族の思い出がよみがえります。今回はその懐かしい気持ちも取り入れ、作品作りをしました。

EYES

パール感のあるピンクとバイオレットの2種類を用いて、重なり合う牡丹の花びらのようなイメージに仕上げました。上まぶたはピンクのみ、下まぶたの中央にピンクをぼかし、目尻と目頭にバイオレットを置いて、目尻から自然とぼかし、チークの色みに溶け込ませます。

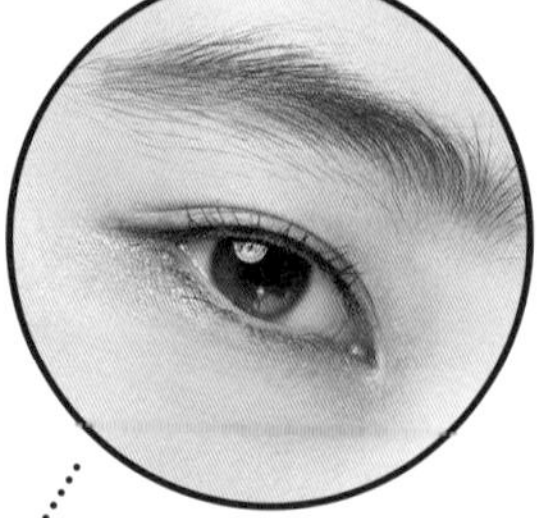

うるんだような ピンクと紫の瞳に ツヤのある可憐な 口元を合わせて

CHEEKS

アイメイクとチークの色を、グラデーションで融合させます。ソフトなローズ系チークを、目尻寄りの頬の高い位置から中央まで、ブラシを左右に大きく動かして幅広に入れます。目尻に入れたバイオレットとチークの色をなじませ、自然と一体化させてください。

LIPS

うるっとした、ツヤのある口元に仕上げます。ツヤとパール感のある青みがかったローズピンクのリップを塗ったら、中央にグロスを重ねてうるおいを与えてください。中央からツヤがにじみ出るような、可憐な印象に仕上がります。

プロ
に任せる

最初にアイロンで髪を巻き、ラフなウェーブを作ってからブラッシングします。ブラッシングしながら、自然な毛の流れを確認しておきましょう。ふたつに分けた毛束は、逆毛を入れることで合体しやすくなります。それでも分かれてしまうときは、表面の髪をコームでなじませてください。ヘヴィーサイドの髪はウェーブの流れがきれいに見えるよう、表面の髪を整えることも大切です。前髪は額から耳にかけ、ウェーブを生かしてゆるく流しましょう。

丁寧なブラッシングでラフなウェーブの毛流を生かして

準備するもの

- □すき毛
- □ブラシ
- □コーム
- □カールアイロン
- □シングルピン
- □ダッカール
- □ヘアゴム
- □Uピン
- □アメリカピン
- □ブローローション
- □ヘアスプレー

1

髪全体にブローローションをつけ、軽く乾かします。サイドパートから3×3cm四方を目安に髪を取り、軽くねじります。

2

軽くねじった毛束をカールアイロンで巻いていきます。

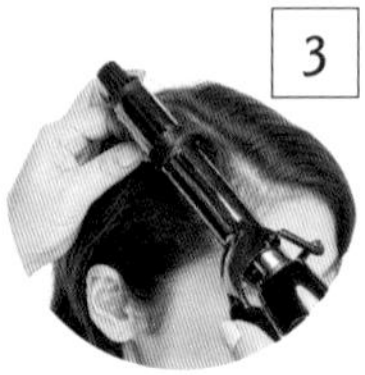

3

根元までしっかりと巻きます。

4

シングルピンで固定します。

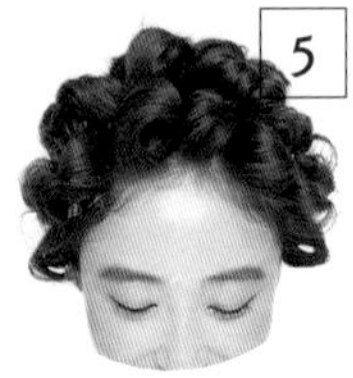

5

1～4の方法で髪全体を巻きます。

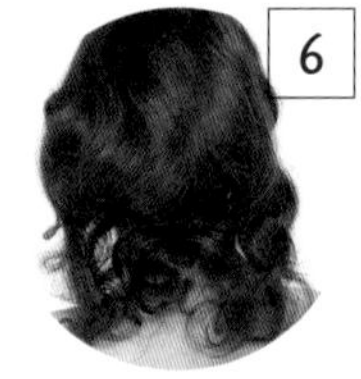

6

すべてのカールをほどき、軽くほぐします。

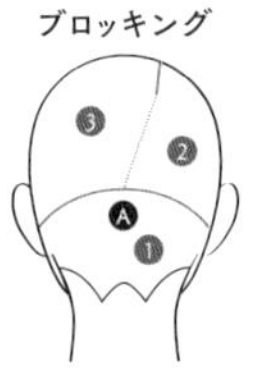

この位置で髪をブロッキングします。書かれている数字の順に進んでいきます。

素材提供／PIXTA

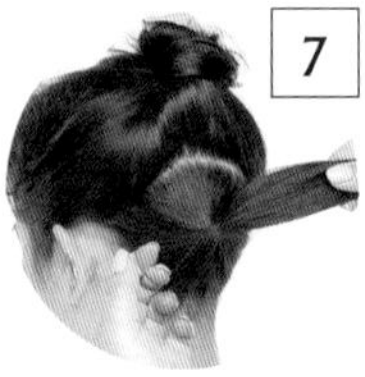

7

右の通りにブロッキングをします。❶の髪をⒶの位置でゴムで結びます。

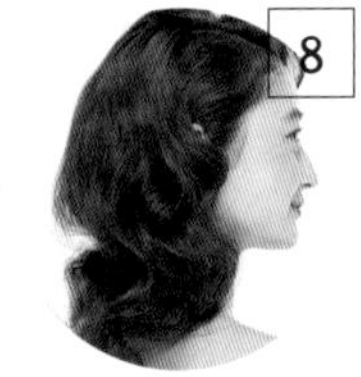

8

ブロッキング❷❸のダッカールを外し、サイドパートから毛流を整えます。

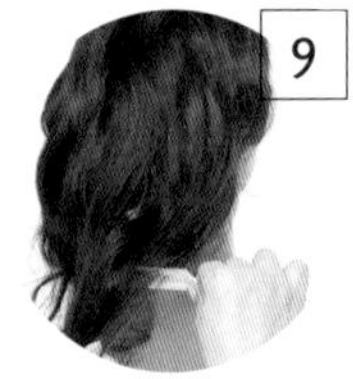

9

❷の毛流を確認しながら、毛先部分に軽く逆毛を入れ、束感を作ります。

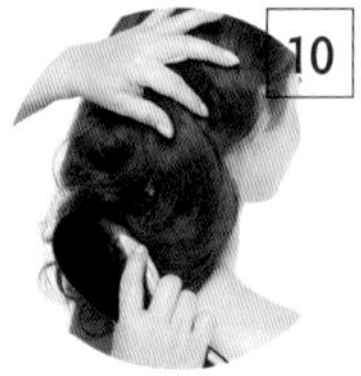

10

ウェーブの流れを確認しながら、❷全体をブラシで軽くとかします。

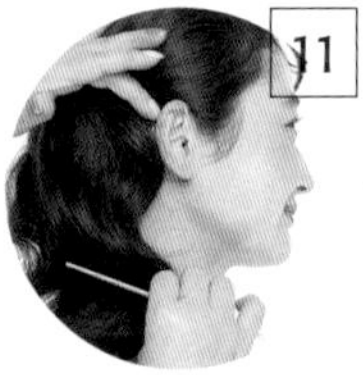

11

コームで髪のウェーブをきれいに整えます。

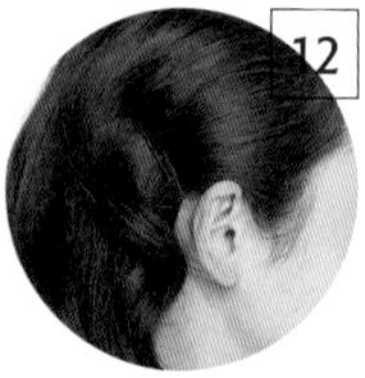

12

右耳の後ろにアメリカピンを2本挿します。※あとからつけるかんざしの土台になります。

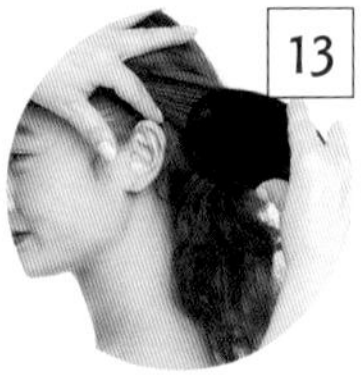

13

❸全体をブラシでとかし、フロントからサイドのウェーブの流れをつけやすくします。

14

前髪を上方向にとかします。

15

フロントからふんわり立ち上がるようにウェーブを作ります。

16

ウェーブがつぶれないように押さえながら、コームでウェーブを形づけます。

17

ウェーブを残しながら、耳上の毛流を整えていきます。

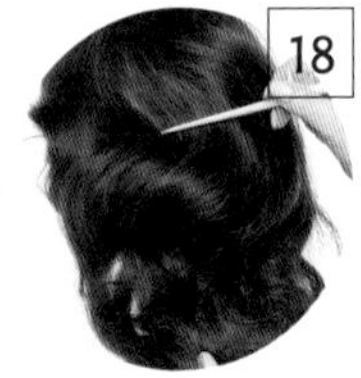

18

コームでウェーブを整えます。

19

❶と❷の毛先に逆毛を立て、束感を作ります。

20

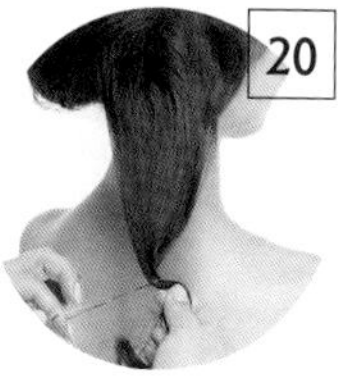

❶と❷の毛束の先をゴムで結びます。

21

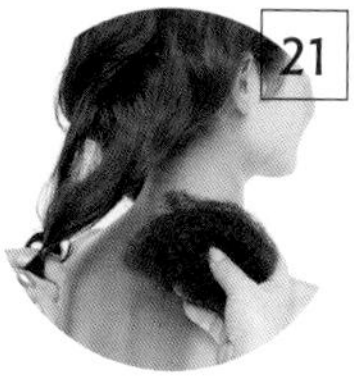

❷の下からすき毛を入れます。

22

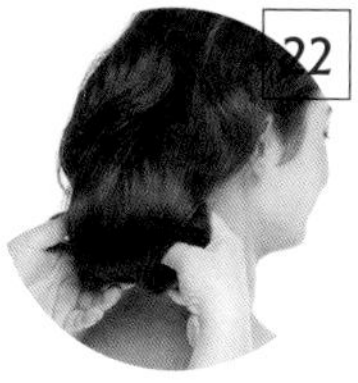

毛先にすき毛を巻き込みます。

23

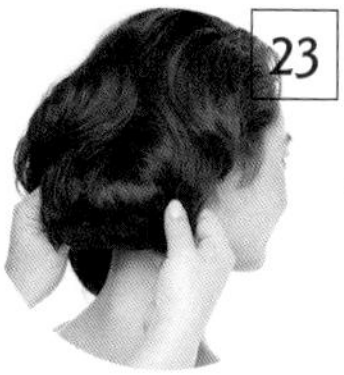

やわらかなボブラインを作ります。

24

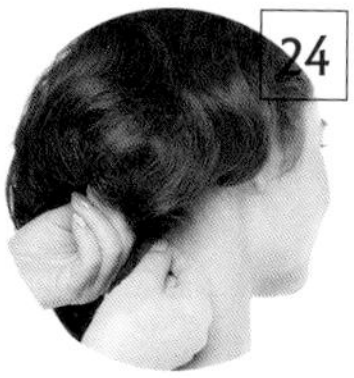

根元にアメリカピンで固定します。

25

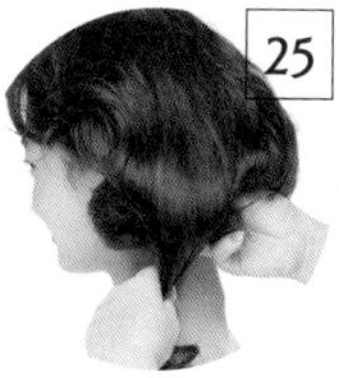

❸の下からすき毛を入れて巻き込みます。ウェーブを崩さないように注意しましょう。

26

すき毛と髪を右手で押さえながら、左手で髪を水平に軽く引きます。

27

毛先をつかんだまま、すき毛を髪に入れ込んでいきます。

28

毛先を巻き込み、髪の流れを確認したら、Uピンで固定します。

29

不安定なところはアメリカピンで固定します。

30

ところどころ髪を引きだして、ニュアンスをつけ、ヘアスプレーでソフトに固定します。

完成

大正時代に流行した「耳かくし」スタイルを取り入れ控えめさと開放感を併せ持つ、しなやかな個性美を提案

遠い日の銀座の柳を想って――しだれ柳の刺繍が施された訪問着です。風に揺れる柳が艶やかに表現され、控えめな美しさと同時にモダンな雰囲気も感じました。それを表現するために、ここでは大正時代に流行した「耳かくし」というヘアスタイルを現代的にアレンジしています。片耳を隠すことで控えめな女性らしさを、もう片耳は出して開放的に見せ、一人の女性の中にある両面を表現しています。左右非対称のボブスタイルが、クラシックでモダンな印象を与えます。

左右非対称のヘアスタイルに美しく映える水晶のかんざしが耳下からそっとのぞくよう、全体のバランスをとって水平に位置を決めます。夏の日差しに水晶のかんざしが涼やかに輝きます。髪にはオイルでツヤを与え洗い髪のような色気を醸し出しました。光に当たると刺繍糸がキラっと光る様が美しく、そこからインスパイアされてメイクは透明感と輝きを重視しています。色合いはライトグレーで控えめですが、動いたときにパールが光り、フレッシュで洗練された印象を与えます。

インスピレーションの源
Inspirations for CREATION

美しい着物の柄、心ときめくモチーフ、忘れられない思い出の品、優美な髪のうねり――
さまざまなアイテムやヒントを元に、表現したい女性像を作り上げます。
ここではクリエイション発想の源泉を紹介いたします。

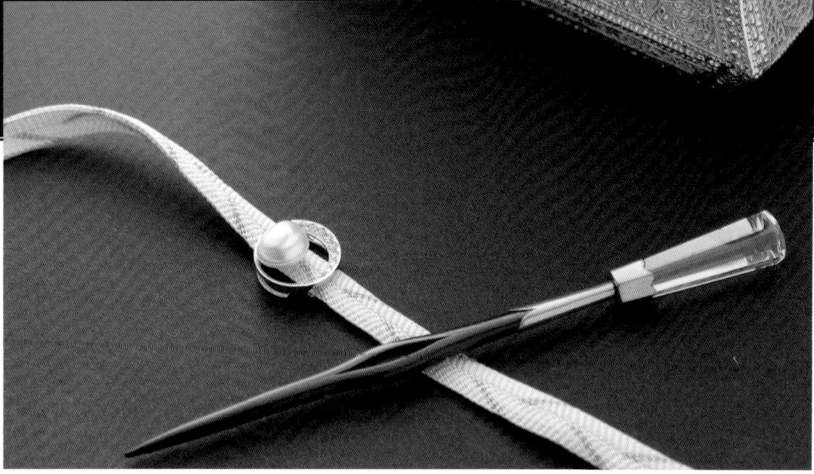

水晶のかんざしと抜け感のあるデザインの帯留めで涼を添える夏ならではの小物使い。透明感があって涼しげな雰囲気は、メイクにもつながっています。

しだれ柳が描かれた刺繍はツヤがあり、光が当たると美しく浮かび上がります。この質感を取り入れ、ツヤとパール感のあるメイクに仕上げました。

今回イメージしたのは、大正時代に流行した「耳かくし」のヘアスタイル。アシンメトリーな髪型にして、右と左で見たときに印象が変わるように調整しました。

仕上がりイメージ

柳の刺繍に合わせて、ツヤのある目元と口元に「耳かくし」ヘアを今の時代に合わせて表現

光沢のある柳の刺繍に合わせ、ツヤ感のある目元と口元で爽やかな色気を感じさせる女性に。ヘアにもツヤを与え、大正時代の「耳かくし」をアシンメトリーな形で取り入れることで、今の時代の私たちが思う「ネオクラシック」を表現しました。

KEYWORD

洗練 涼やか 可憐 つややか 大正ロマン

パール感のあるライトグレーのアイカラーを使って、洗練された目元を演出。芽吹いたばかりの柳をイメージしました。

大正末期に流行した「耳かくし」／資生堂企業資料館蔵

「耳かくし」は西洋化に向かっていた日本の変化を象徴する髪型でした。欧米の流行を取り入れ、和装にも洋装にも適したスタイルに、クラシックとモダンを兼ね備えた新しさを感じました。

透け感のある ライトグレーの目元に 青みがかった ラベンダー色で夏らしく

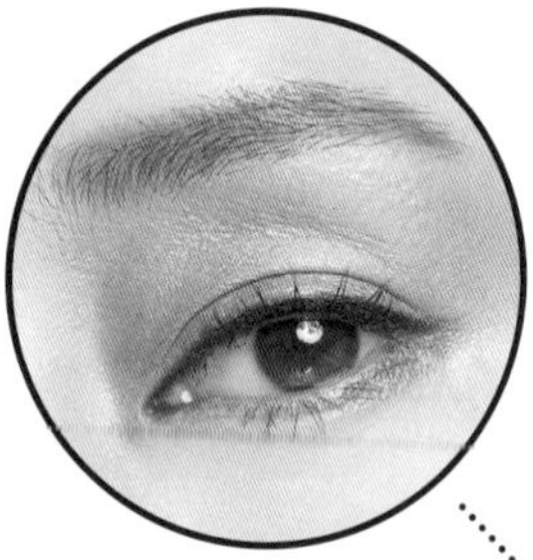

EYES

目元は着物の色合いに合わせ、控えめなライトグレーをセレクト。繊細なパール感によって透け感が出るので、夏らしい涼やかな雰囲気に。アイラインはダークブラウンを選んで、優しい目元に仕上げます。

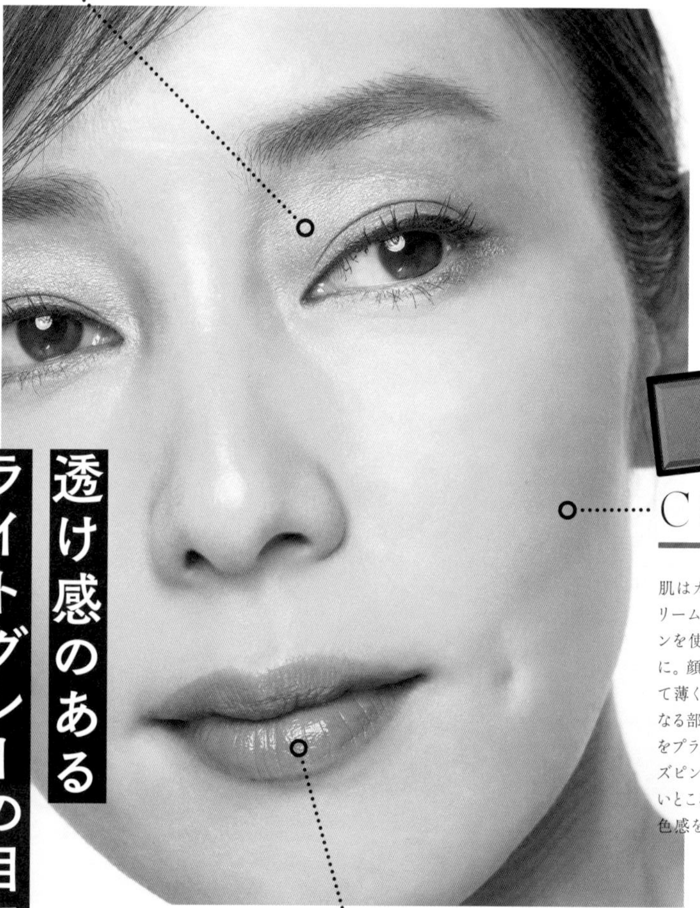

CHEEKS

肌はカバー力とツヤのあるクリームタイプのファンデーションを使用し、ノーブルな印象に。顔の中央から外側に向けて薄く伸ばし、目の下の気になる部分に重ねづけ、立体感をプラスします。チークはローズピンクを選んで、頬骨の高いところにふんわりと入れ、血色感を高めます。

LIPS

涼やかな印象に仕上げるため、ラベンダー色のリップを選びました。青みがかったピンクは、アンニュイな印象もプラス。上品なツヤ感とパール感で、すっきりとした色気がある印象に仕上がります。

自分でできる

つややかな表面が美しいアシンメトリーのボブヘア

セミロングの方におすすめのスタイルです。全体的にワックスをつけ、濡れたツヤ感を出すとまとまりやすいです。毛束をねじり上げていく時、襟足がたるまないように締めることが肝心です。襟足まで来たら、ボブのラインをイメージして水平方向にねじることも大切。ただし、ロングヘアの方は、毛先を入れ込む空間を大きめにしておくと、長い髪でも収まります。ボブラインが美しくなるよう、表面の毛をきれいに整えましょう。

準備するもの

- □ブラシ
- □ヘアゴム
- □Uピン
- □アメリカピン
- □ヘアオイル
- □ヘアスプレー

1

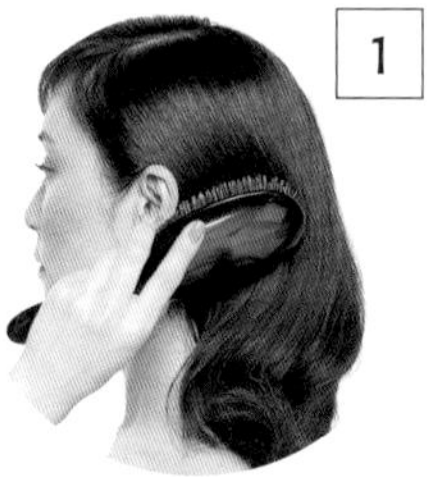

髪全体をよくブラッシングします。直毛で髪がまとまりにくい方は、毛先を軽く巻いておくとよいでしょう。

ブロッキング

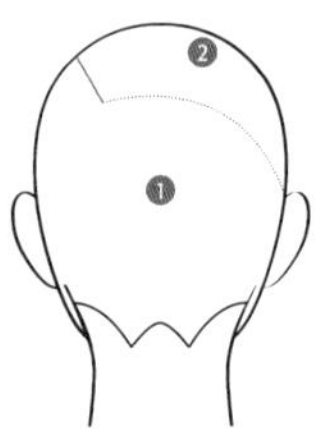

この位置で髪をブロッキングします。書かれている数字の順に進んでいきます。　素材提供／PIXTA

2

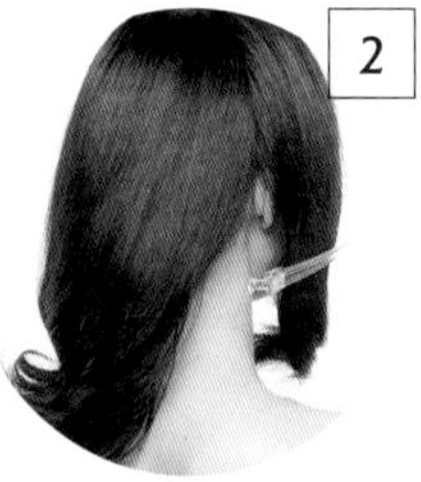

髪全体にヘアオイルを軽くつけてパサつきを落ち着かせてから、右のブロッキングの位置で2つに分けます。

3

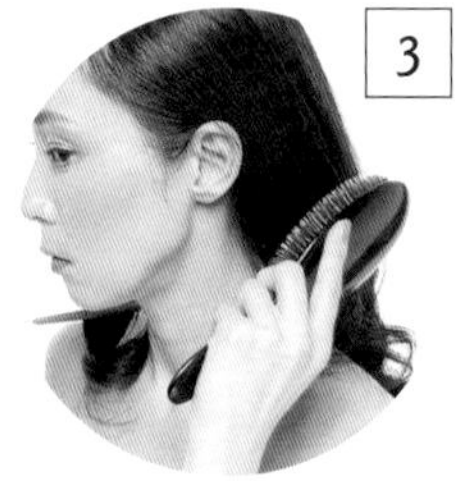

ブロッキングした❶の髪をよくブラッシングして耳にかけ、毛先を右側に流します。

4

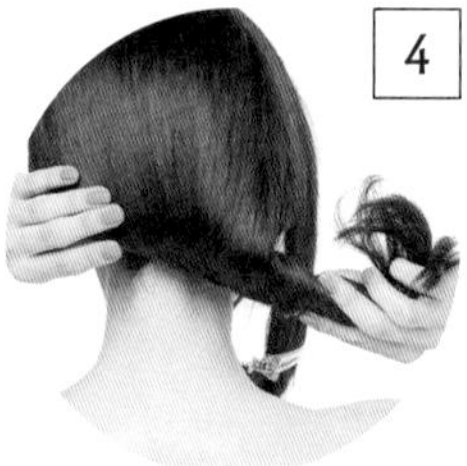

左手で耳の下の位置で髪を押さえ、きれいなボブのラインが出るように右手で髪をねじっていきます。

5

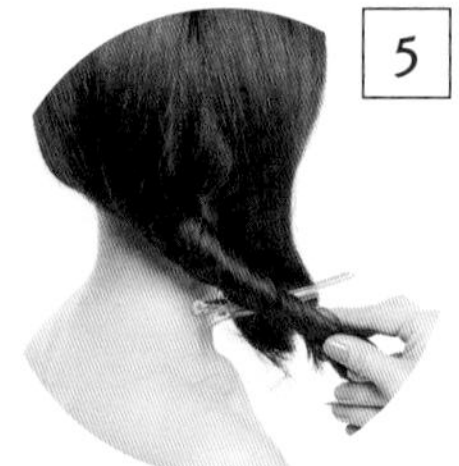

毛先に近づいたら、両手でしっかりとねじります。

6

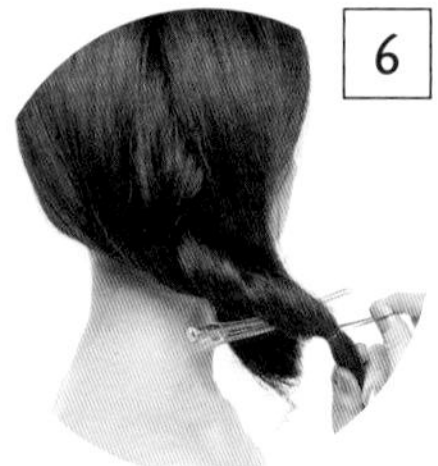

毛先をゴムで結びます。

7

再び右手で耳の下の髪を押さえながら、右手で毛束を水平に持ち上げ、襟足がたるまないようにねじり直します。

8

きれいなボブのラインが出るように注意しながら、しっかりとねじります。

9

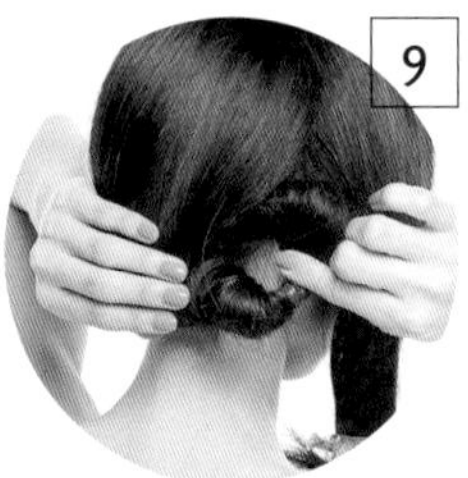

毛先を内側に入れ込みます。

10

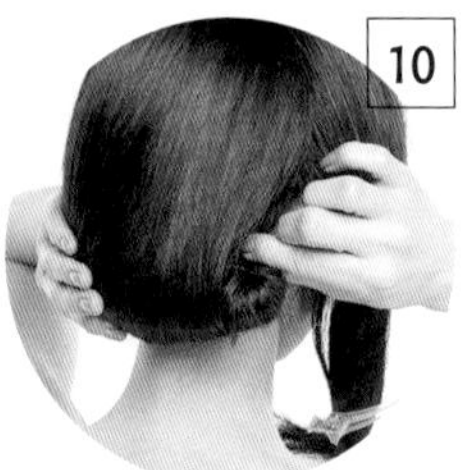

結び目が隠れるくらいまで、ねじって内側の空間に入れ込みます。

11

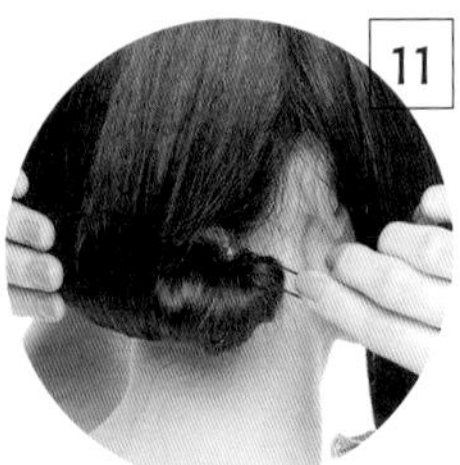

結び目のゴムとねじった部分を引っ掛けるようにピンで固定します。

12

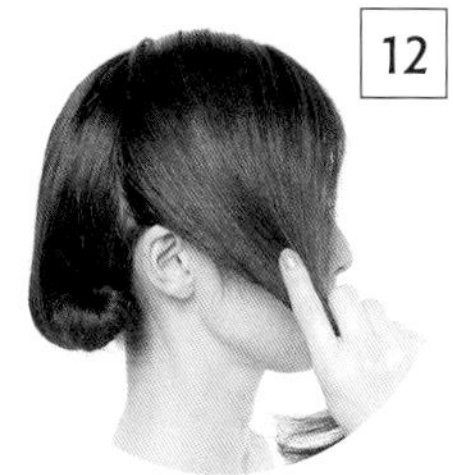

ブロッキング❷に移ります。

13

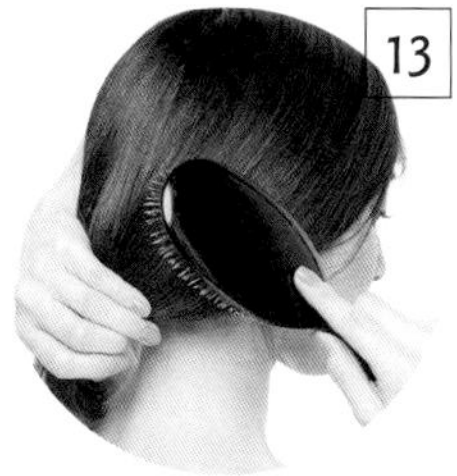

❷の髪は耳を隠すように覆いながら、よくブラッシングします。

14

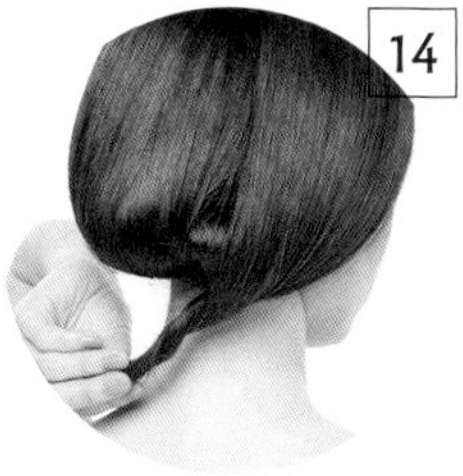

フェイスラインの毛流を整えながら左手で毛先をつかみ、きれいなボブのラインになるようにねじります。

15

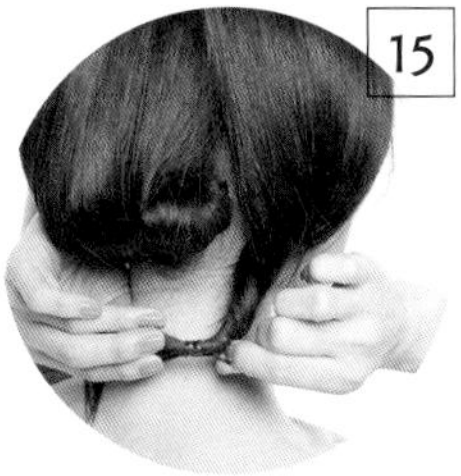

毛先をゴムで結びます。

16

ブロッキング❶の髪の下に毛先を持っていき、結び目を内側に入れ込みます。

17

毛先も内側の空間に入れ込みます。

18

結び目のゴムに引っ掛けるようにアメリカピンを挿して固定します。

19

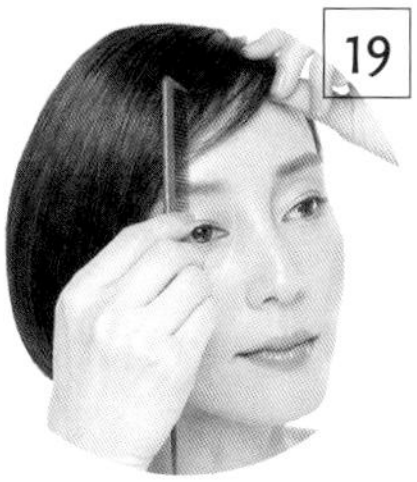

前髪をコームで丁寧に整えます。額に前髪が貼りつかないよう、コームの先端を前髪の下に入れ、少し浮かしてください。最後にヘアスプレーで固定します。

完成

昭和40～50年代に活躍した、しなやかで強い女性たちへのリスペクトを込めて

昭和初期に流行した「お召」と呼ばれるこの着物には、古代エジプトを発祥とするコプト文様風の柄が織り出され、ユニークでモダンな印象です。この着物にインスパイアされ、昭和40～50年代（1960～70年代）の女性をイメージしました。当時は女優ファラ・フォーセットのように、軽やかに自己主張できる女性が大活躍。そんな女性たちへのリスペクトも込めて、ファラの特徴であるスイングさせたロールヘアを生かしながら、現代的にアレンジしました。

巻き髪をアレンジし、軽やかで現代的な雰囲気に仕上げました。少し崩すことで、アンニュイな雰囲気を醸し出すことができます。きらりと光るかんざしや指輪をつけ、華やかさをプラス。ヘアの主張が強いので、メイクはしっとりとした色気を感じさせるものに。紫色の「お召」になじむように、目元にも口元にもほんのりとバイオレットを効かせています。

源 インスピレーションの

Inspirations for CREATION

美しい着物の柄、心ときめくモチーフ、忘れられない思い出の品、優美な髪のうねり――
さまざまなアイテムやヒントを元に、表現したい女性像を作り上げます。
ここではクリエイション発想の源泉を紹介いたします。

提供／Everett Collection/アフロ

米ドラマ「チャーリーズ・エンジェル」のスターで、1970年代を象徴する女優、ファラ・フォーセット。昭和に流行したお召を着たおしゃれな女性をイメージしたとき、頭に浮かんだのが彼女でした。彼女のロールヘアを取り入れ、アップスタイルにアレンジしています。

きらりと光る、NOBORU SHIONOYAのかんざしです。ふんわりした温かみのあるヘアスタイルに華やかなアクセサリーを加えることで、モダンなアクセントになります。

よく見ると、美しい紫と緑のグラデーションの着物には、古代エジプトを発祥とするコプト文様風の柄が織り出されています。ユニークな雰囲気があり、昭和初期、おしゃれな人が着ていた「お召」らしさを感じました。

私は時代を設定したヘアメイクを考案するのが大好き。その時にいつも参考にしているのが、昔の雑誌です。これは母が持っていた昭和41年（1966年）に発行された雑誌「和装と装い方」。当時のおしゃれな女性たちの装い方から、たくさんのアイデアをもらっています。

今回こだわったのは、リップの色合いです。着物の紫色になじみながらも映えるよう、青みがかったレッドを選びました。色気のある口元を目指すため、グロスの重ね付けで立体感も出しています。

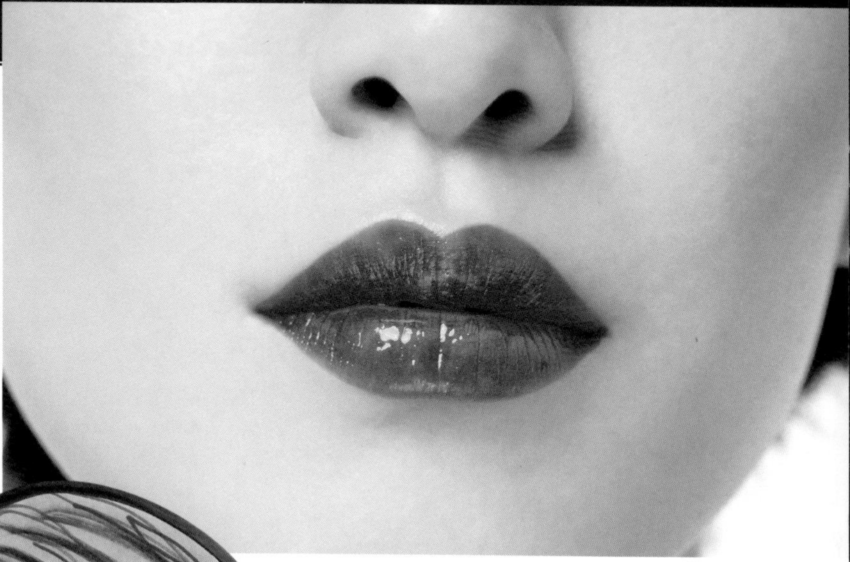

仕上がりイメージ

ニュアンスをつけた やわらかなロールヘアに、着物の色になじむ 艶っぽいメイクを

ふんわりしたロールヘアをつぶさないよう、美しい斜めのラインを意識したアップスタイルに。ニュアンスをつけ、柔らかさを出します。メイクは着物の色合いを生かし、目元はバイオレットを使用。口元のレッドも青み系を入れて、なじませます。

KEYWORD

艶やか アンニュイ 昭和レトロ ふんわり 軽やかさ

とろんとしたツヤのある青みレッドの口元で、やわらかい印象をプラス

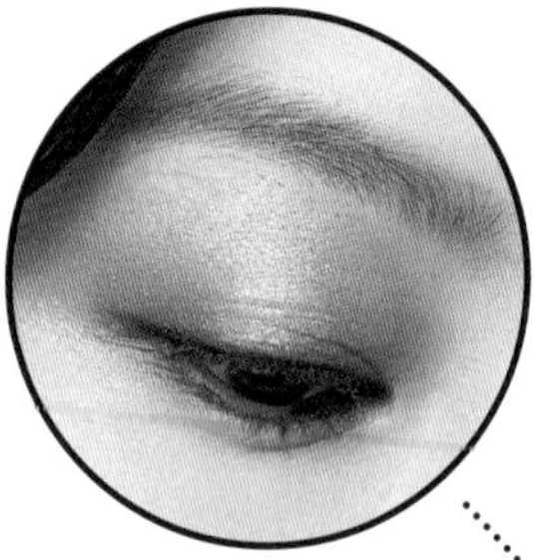

EYES

ベージュとグレイッシュブラウンの2色を使い、グラデーションを効かせた目元に。洗練された上品さを印象づけます。目のフレームラインにアイラインを細く入れ、目元を際立たせましょう。

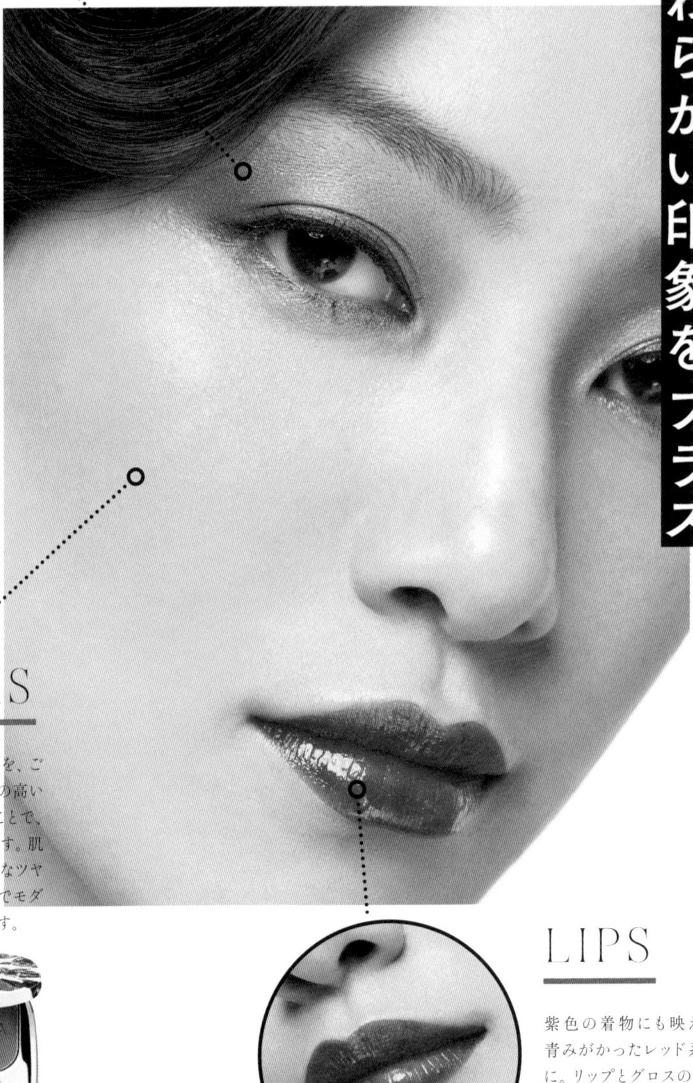

CHEEKS

ローズ系ピンクのチークを、ごく軽めに入れます。頬骨の高い位置にふんわり入れることで、ほんのり甘さをプラスします。肌はカバーしすぎず、自然なツヤ感を残すことで、軽やかでモダンな雰囲気に仕上がります。

LIPS

紫色の着物にも映えるよう、青みがかったレッド系の口元に。リップとグロスの2色を重ねることで、立体的な口元に仕上げました。グロスのとろんとしたツヤ感によって、色っぽい印象を高めています。

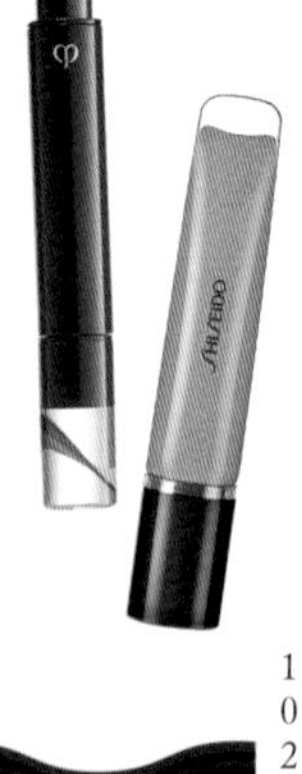

自分でできる

髪を引きだして軽やかでふんわりしたロールスタイルに

やわらかなロールスタイルが特徴です。フェイスラインに沿って斜めに入れるカールアイロンがポイント。まとめた髪は指で左右に引き出し、ニュアンスをつけます。後ろの髪だけでなく、顔周りの斜めのラインもふんわりと見えるよう、髪を引きだして隙間を作ります。空気感とニュアンスのあるロールスタイルは、ノスタルジックなムードを演出します。

準備するもの

- □カールアイロン
- □ヘアゴム
- □ダッカール
- □Uピン
- □アメリカピン
- □ブローローション
- □ヘアスプレー

1

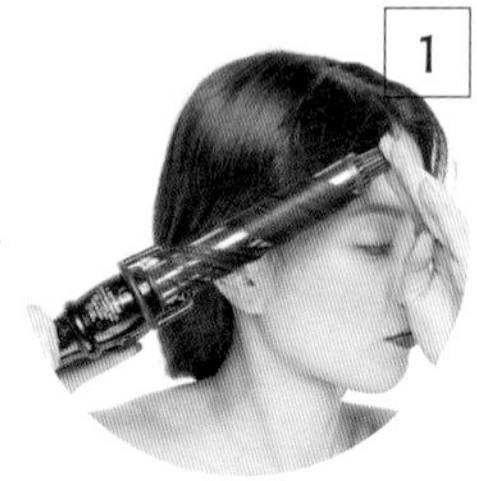

髪全体にブローローションをつけ、軽く乾かしてから、前髪から斜めにカールアイロンで髪を巻いていきます。

2

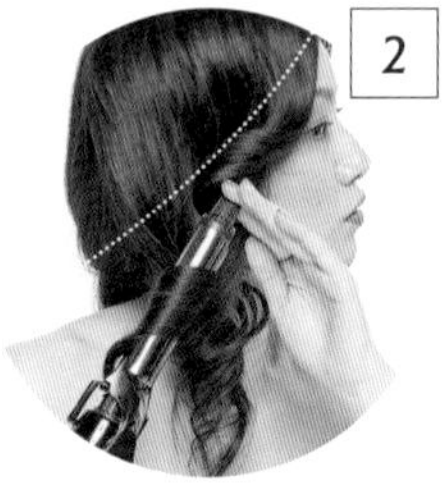

横や後ろの髪も同様に、点線のように斜めに巻いていきます。

3

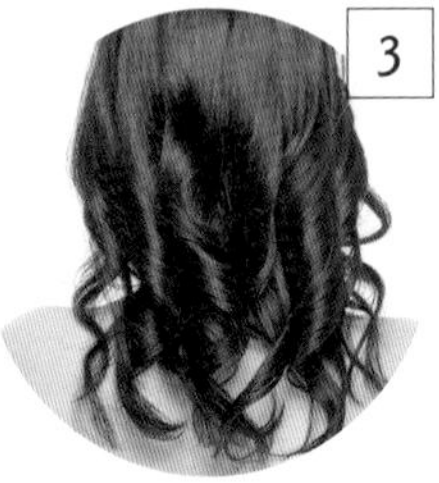

このように全体を斜めロールに巻き上げます。

4

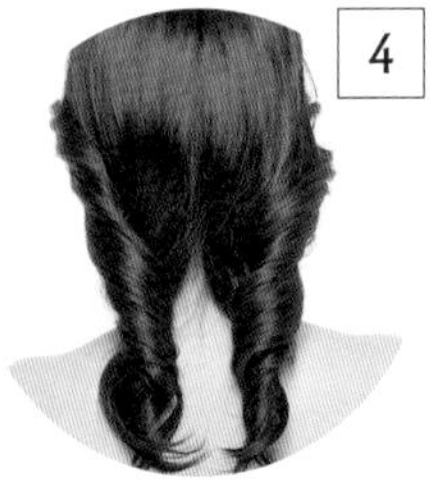

髪を2つに分け、毛束をねじります。

ブロッキング

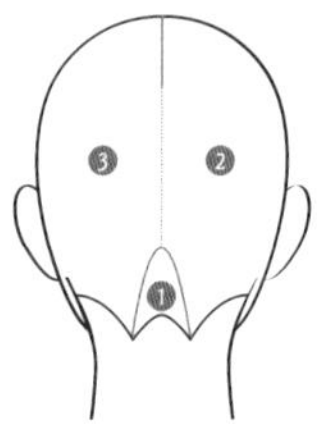

この位置で髪をブロッキングします。書かれている数字の順に進んでいきます。　素材提供／PIXTA

5

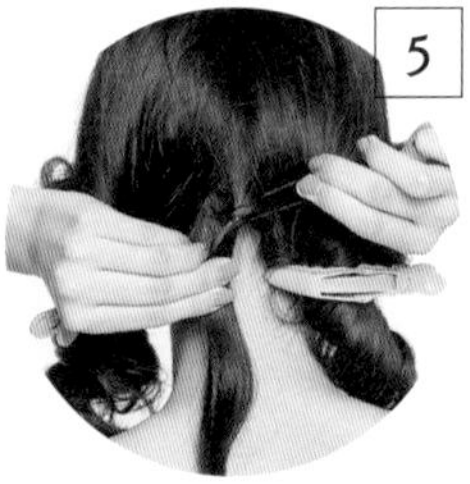

ブロッキング❶の位置に「根」を作ります。左右から髪を少しずつ分け取り、ゴムで結びます。

6

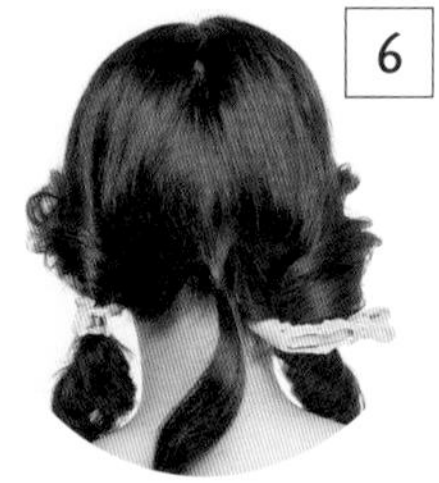

「根」の完成です。

7

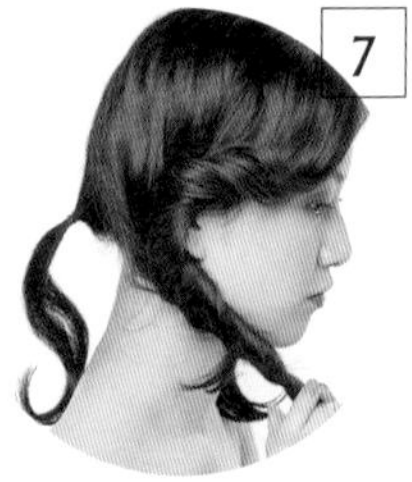

ブロッキング❷の毛束を、ロールの向きに沿って両手でねじります。

8

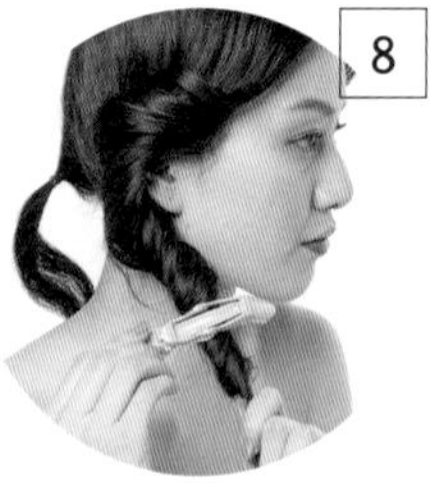

あごのあたりでダッカールを留め、ロールをキープします。

9

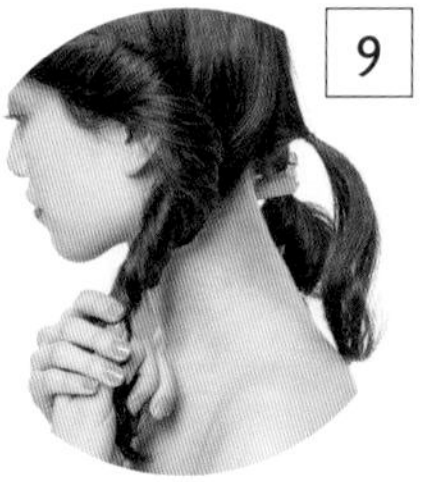

ブロッキング❸の毛束も同様に、ロールの向きに沿って両手でねじります。

10

こちらも同様に、あごのあたりでダッカールを留めます。

11

ブロッキング❶の毛を、❸と合わせます。

12

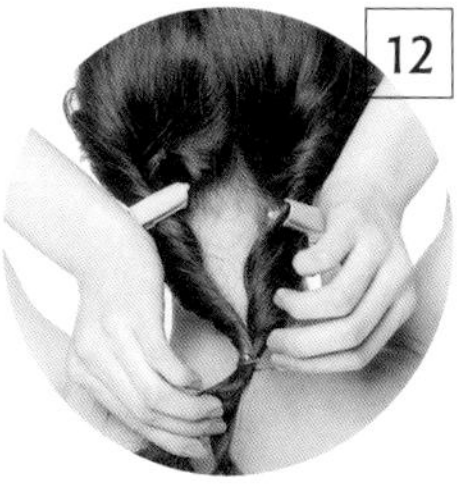

2つの毛束を合わせ、襟足の下でゴムで結びます。

13

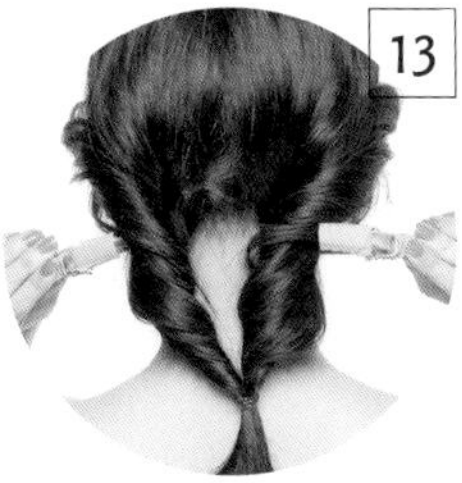

ダッカールを外します。

14

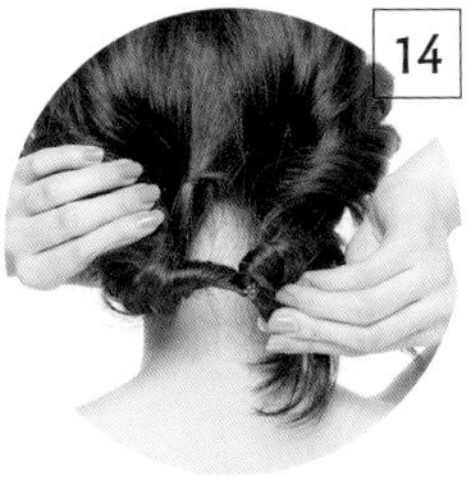

片手で髪を押さえながら、もう片手で毛先をつかんで持ち上げます。

15

2つの毛束の隙間に毛先をくぐらせます。

16

毛先をくぐらせることを繰り返します。

17

結び目の毛先だけが出ている状態になるまで、繰り返します。写真のようなロングヘアの方で4～5回が目安です。

18

このように毛先だけが飛び出している状態になれば、完了です。

19

結び目を「根」にピンで固定します。このとき、左右の毛が分かれてしまわないよう、融合させながらピンで留めていきます。

20

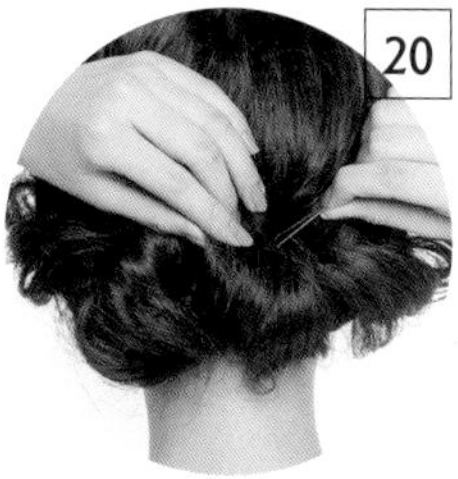

ロールした髪にもUピンを挿して固定します。

21

不安定なところはアメリカピンでも固定します。

22

両手で少しずつ髪を引きだし、ニュアンスをつけます。最後にヘアスプレーで固定します。

完成

MODERN

「モダン」パートでは、鎌田由美子が
コレクションの最先端の着物を新解釈し
前衛的なヘアメイクを考案しました。
力強く、洗練されたモード感あふれる、
エッジの効いた着物ヘアメイクをお楽しみください。

細いチューブ状のヘアアクセサリーに合わせ光沢と束感、段差をつけて遊び心をプラス

歌舞伎の衣装のような存在感で、大胆なデザインと配色が個性的な着物です。この着物には、細いチューブ状のリボンを使ったヘアアクセサリーが合うと感じ、イメージを広げていきました。ヘアにはワックスをつけ、ヘアアクセサリーと同様の光沢と束感を。前髪もギザギザに束感をつけ、左右から見て印象が変わるよう、遊び心を加えました。メイクは、上下のまぶたに透明感のある淡いバイオレットとピンクをオン。アイラインは目尻まで伸ばし、太めにキリッと。口元はグレイッシュなピンクで、抜け感を出しました。

インパクトのある着物には
その世界観に自分を合わせ
ハッピーなバイブスを
思いっきり楽しむ！

アメリカ国旗の柄を使った着物です。主張の強い着物を着るには、その世界観に自分を合わせ、やり切ることが大切です。ここでは着物に合わせ、60年代のモッズスタイルをイメージして、ハッピーなバイブスを表現。マッシュルームボブのウィッグをつけ、トップ5cm四方の毛先を強めにノット風にアレンジし、リボンをつけました。メイクは、アイホール全体にグレイッシュなアイカラーをのせ、アイホールの位置にブラウンでラインを入れて、まぶたに陰影をつけています。口元はピンクのリップで仕上げます。

骨格を際立たせる強めのメイクでPOPアートのようなクールさを演出

カッコいい中に甘さもあり、シンプルでありながらグラフィカル。POPアートのような配色が、洗練された印象を与えます。目元にはネイビーブルーのアイカラーをのせ、上下の目のキワにはブラックのアイラインを。ノーズシャドウも効かせ、シェイドで骨格を際立たせました。ヘアはツヤの出るワックスをつけてから一束にまとめ、結び目にメタリックなテープを巻きつけています。フロント部や耳の上の後れ毛はあえて遊ばせることで、少し力が抜けて、大人のカジュアル感やストリート感を演出します。

アクアブルーと
バイオレットの2色使いで
羽ばたく蝶の軽やかさを
目元で表現

ステンドグラスのような配色の美しい蝶たちに合わせ、アイメイクは上下で異なる色を使っています。上まぶたのアイホールにはアクアブルー、下まぶたの目尻側にはバイオレットをのせました。まつ毛の影が目元に落ちると色合いが変わり、目元の雰囲気に変化が生じます。ヘアは、ショートボブのウィッグを使用。ここでは襟足に沿う長さに調整しましたが、長めにすると甘めに、カットラインをシャープにすると個性的に、と毛先の作り方で印象が変わるので試してみてください。

知的でモダンな印象の髪型は、日本髪へのオマージュ
グラフィカルな形に引いたアイラインでモダンな印象に

誇りを持ち、生き抜く覚悟を決めた武家の奥方をイメージしました。江戸小紋に翁格子の帯を合わせたコーディネートから、そんな女性像が頭に浮かびました。そこで、すっきりと前髪を上げ、襟足の美しさを生かしながらシンプルにまとめあげ、日本髪の雰囲気をモダンに演出。また、格子は江戸時代から愛されてきた柄ですが、新鮮でモダンな印象があります。メイクはグラフィカルなラインを印象的に加えました。

全体的にモダンでクリーン、粋な印象を心がけました。すっきりと額を出したヘアスタイルで、知的なムードを醸し出します。シンプルな髪型なので、螺鈿の細工が施された幾何学模様のかんざしをアクセントに加えました。メイクはグリーンのアイラインをグラフィカルなフォルムに引いて、現代的な印象に。口元はベージュ系で抜け感を出しました。可憐でありながら、いざという時には覚悟を決める、凛とした強さがある女性をイメージしています。

インスピレーションの源

Inspirations for CREATION

美しい着物の柄、心ときめくモチーフ、忘れられない思い出の品、優美な髪のうねり――
さまざまなアイテムやヒントを元に、表現したい女性像を作り上げます。
ここではクリエイション発想の源泉を紹介いたします。

バランスのとれたヘアメイクをデザインする際に、ヒントになる一冊です。感覚的に「素敵!」「気持ちいい」と感じるデザインには黄金比が隠れていて、そう感じる理由が実例とともに解き明かされています。アイデアソースとして最適です。

江戸小紋の緻密な柄に、少しゆがんだ形の黒いドットがランダムに並んでいます。ユニークで個性的な雰囲気があり、メイク考案のヒントになりました。なお、ネイルにも帯と同じグリーンと辛子色をあしらいました。

幾何学文様の螺鈿細工のかんざしです。螺鈿とは、貝殻の内側にある真珠層を切り出して彫刻を施し、はめ込んだ手法。角度によって虹色に光る様が美しく、シンプルなヘアのアクセントになります。

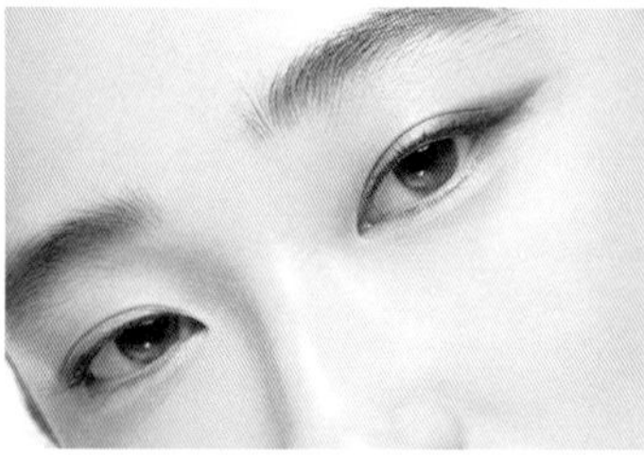

大胆な格子柄の帯には、グリーンと辛子色が使われています。差し色として、青緑の鮮やかな帯留めを加えました。アイメイクはこの色からイメージして、グリーン系のアイラインを効果的に入れています。

仕上がりイメージ

美しい日本髪への
オマージュ
差し色グリーンの
アイラインを印象的に

すっきりとした襟足を生かしながら、ゆったりとシンプルに結い上げた日本髪へのオマージュ。額を出して、知的な印象に。メイクは、帯留めに使った差し色のブルーグリーンと同系色のアイラインをグラフィカルな形に引いて、個性的で粋な女性をイメージしました。

KEYWORD

シンプル　凛　粋
すっきり　グラフィカル

時代劇に登場する「武家の奥方」のイメージが頭にあり、日本髪をモダンに解釈してアレンジしたいと思いました。襟足の毛流れを生かしながら、美しいシルエットに仕上げています。

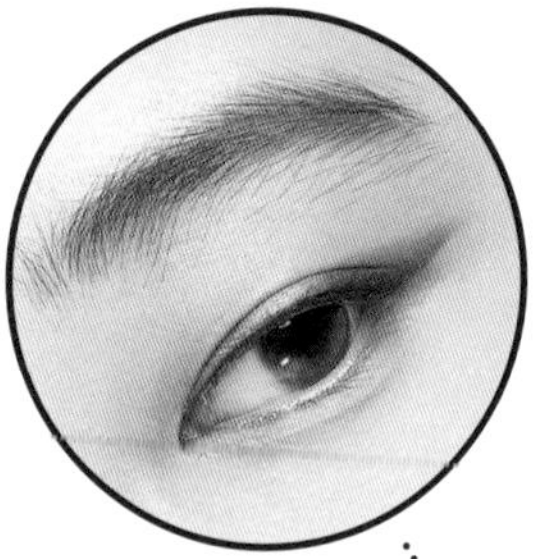

EYES

ゴールド系のアイカラーを、まぶた中央にふんわり乗せます。次にグリーンのアイライナーで、目尻をポイントに少し角をつけながらラインを描きます。その上に、アウトラインをなぞるように、グリーンのアイカラーを用いてぼかします。

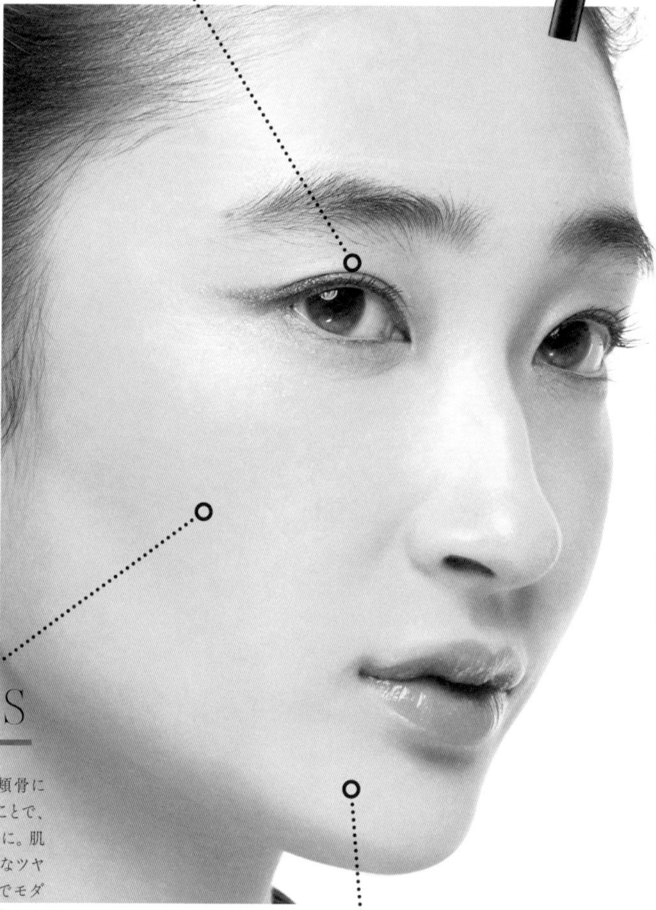

すっきり入れた グリーンのアイラインで 印象的なまなざしに

CHEEKS

肌なじみのよいチークを頬骨に沿って、すっきりと入れることで、血色のよい健康的な印象に。肌はカバーしすぎず、自然なツヤ感を残すことで、軽やかでモダンな雰囲気に仕上がります。

LIPS

唇の中央部分にほんのり赤みを加え、ツヤのあるベージュ系のリップを唇全体にのせることで、モダンで立体感のある口元に。

プロに任せる

日本髪の雰囲気をモダンに演出しました。横から見たときのすっきりとしたラインと、日本髪らしい前髪の組み合わせがポイントです。前髪は、髪を分けとる位置が大切。左右の眉山より内側（9cm前後）で顔のバランスを確認しましょう。生え際のうぶ毛も自然に残すと、フレッシュな印象に仕上がります。後ろの毛をまとめるときは、逆毛をつぶさないように表面をなでつけ、ふんわりと仕上げます。襟足がたるまないように注意しましょう。

前髪を分けとる分量によって垢ぬけた大人っぽい印象に

準備するもの

- □ホットカーラー
- □すき毛
- □ブラシ
- □コーム
- □ダッカール
- □ヘアゴム
- □Uピン
- □アメリカピン
- □カーラーローション
- □ヘアワックス
- □ハードスプレー

1

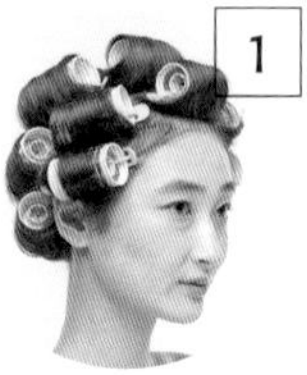

髪全体にカーラーローションをつけ、軽くブローしてからホットカーラーで巻きます。

←

ブロッキング

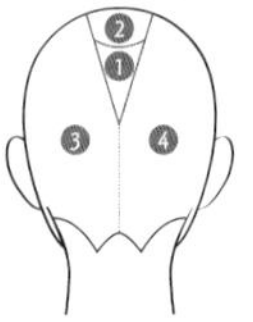

この位置で髪をブロッキングします。書かれている数字の順に進んでいきます。

素材提供／PIXTA

←

2

全体に軽くワックスをつけ、ブロッキング❷の髪を分け取り、ダッカールで留めておきます。

←

3

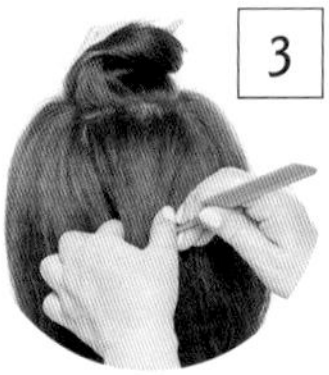

ブロッキング❶の髪を分け取ります。

←

4

コームで❶に逆毛を立てます。

5

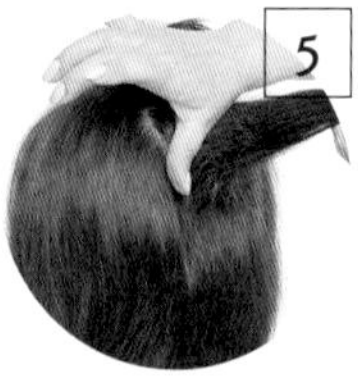

毛束を右側に倒し、根元に親指を当てます。

←

6

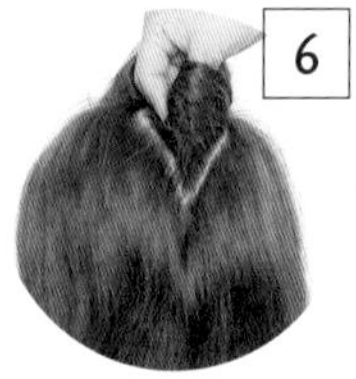

親指に髪をしっかりと巻きつけます。

←

7

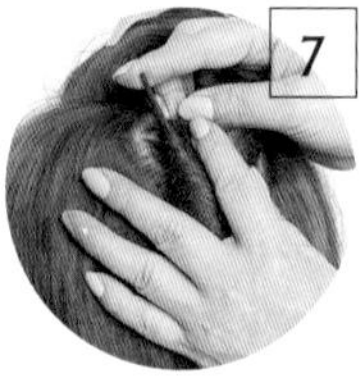

アメリカピンで固定します。

←

8

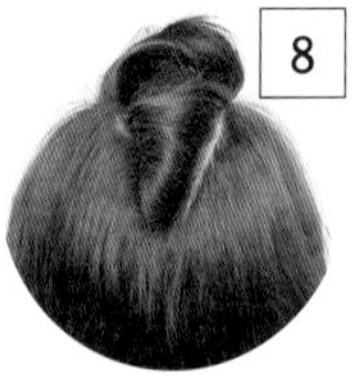

「根」の完成です。

←

9

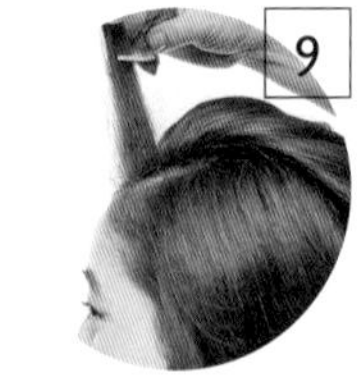

ブロッキング❷の前髪に逆毛を立てます。

10

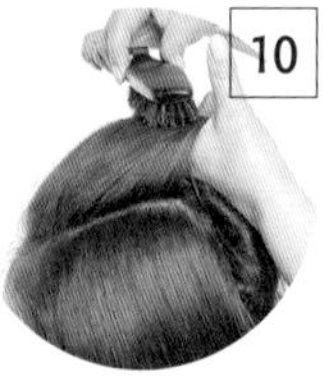

ブラシで表面を整えます。

←

11

前髪のバランスを確認しながら、軽くひねって形を整えます。

←

12

❷の毛を根の周りに巻きつけながら、ピンで固定します。

←

13

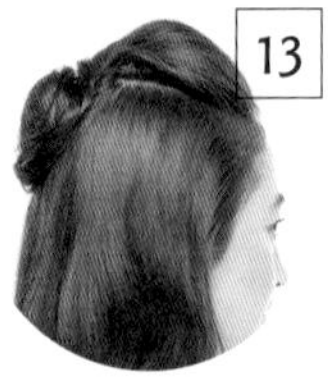

このように❷の毛はすべて、根に巻きつけます。

←

14

すき毛をかぶせてフラットにします。

15

ピンですき毛を固定します。

←

16

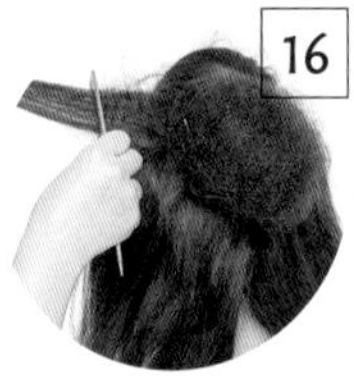

下の髪を❸と❹にブロッキングします。❸の髪全体にコームで逆毛を立てます。

←

17

全体にしっかりと逆毛を立てます。

←

18

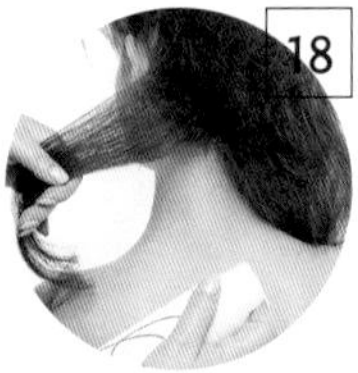

ハードスプレーをつけ、まとまりやすくします。

←

19

ブラシで❸の表面を整えながら、フロントサイドから襟足まで一気に持ち上げます。

20

襟足の髪を押さえながら、毛束をひとひねりします。

21
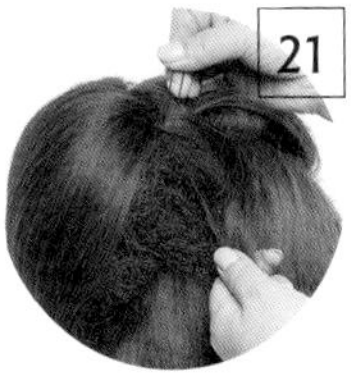
ひねった部分をUピンで固定します。毛先は自然に垂らしておきます。

22
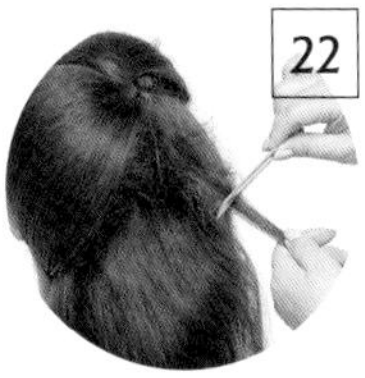
ブロッキング❹の髪にも逆毛を立てます。

23

同様にスタイリング剤をつけ、まとまりやすくします。

24

表面に出る髪をブラシでとかします。

25

フロントサイドから襟足まで一気に持ち上げます。

26

目の細かいブラシで表面を整えます。

27

襟足の髪を押さえ、バランスを確認しながら、毛束をひとひねりします。

28
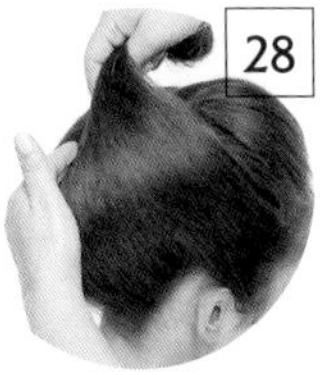
ブロッキング❸の髪に溶け込ませるように、なでつけます。

29

余った毛先をしっかりとねじります。

30
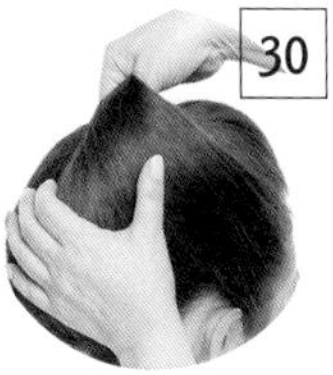
ねじった毛先を内側に入れ込みます。

31
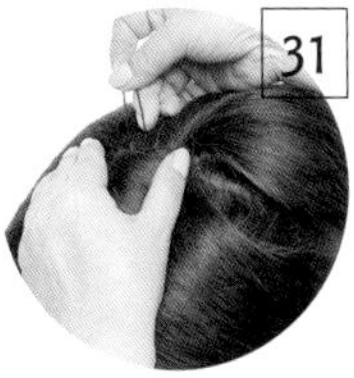
ブロッキング❷❸❹の境目がきれいに見えるように、Uピンで固定します。

32
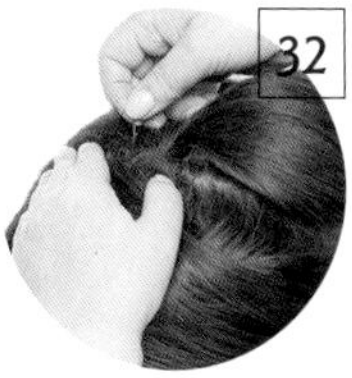
不安定なところはアメリカピンで固定します。最後にハードスプレーで固めます。

完成

涼やかな流水、波のうねり、
貝殻の模様――
優しさの中に個性も感じさせる、
粋な夏着物の装いに

流水と貝が墨で手描きされた紗紬に、本藍で染められた波模様の帯を合わせた、涼やかな夏の装いです。帯はシナノキの樹皮を原料にした科布から作られ、自然布ならではの素朴さも感じられます。ここでは流水と波、貝といった海のモチーフがヘアメイクを考案するヒントとなりました。うねるような波の曲線を生かし、涼やかで粋でありながらダイナミックさもあるデザインに。髪につけた大ぶりの琥珀のかんざしは透き通っていて、涼やかさをプラスしています。

シニヨンには動きをつけ、波のうねりや貝殻を表現しています。造形美をハッキリと見せるため、髪にはツヤを与えました。結び目の位置に段差をつけることで、真後ろから見るとシンメトリですが、前から見るとアシンメトリに見え、不思議な印象に。メイクは個性をはっきりと出す、モダンなアイメイクがポイント。ウォームカラーの目元にターコイズブルーのラインでコントラストをつけ、優しさの中にある強さを印象づけました。

インスピレーションの源

Inspirations for CREATION

美しい着物の柄、心ときめくモチーフ、忘れられない思い出の品、優美な髪のうねり——さまざまなアイテムやヒントを元に、表現したい女性像を作り上げます。ここではクリエイション発想の源泉を紹介いたします。

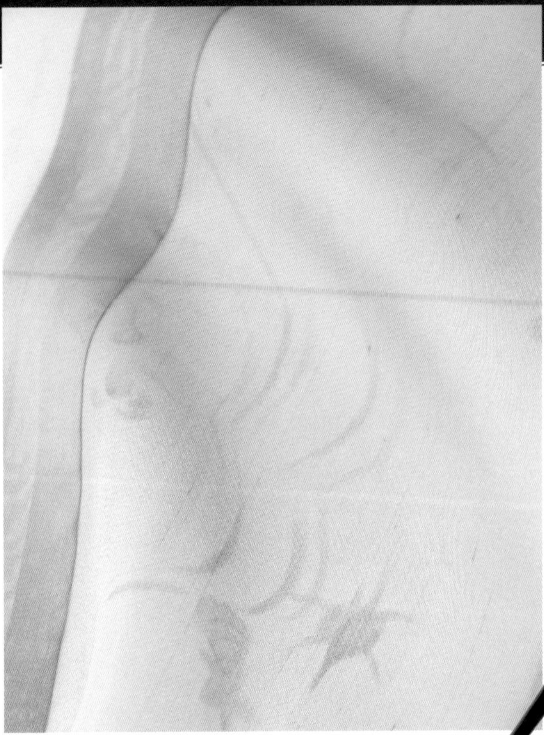

流水をイメージした柄の描かれた、紗紬です。白地の上に透ける素材の生地が重なっていて、とても涼やか。ここからヒントを得て、波のようなうねりを持つシニヨンを考案しました。

ヘアのアクセントとなる大ぶりのかんざしは、帯の色に合わせて選びました。天然の宝石である琥珀を使っていて、夏のイメージにピッタリです。

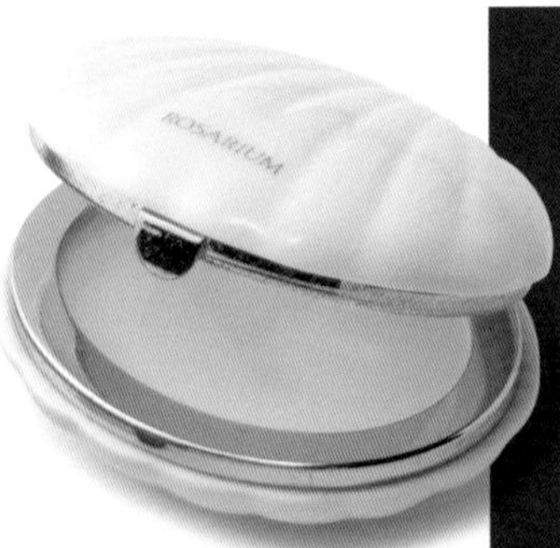

これは資生堂のブランド「ばら園」の練り香水（非売品・私物）で、貝殻のモチーフが素敵です。この貝にある曲線のシルエットが波のようで、ウェーブの形作りの参考にしました。

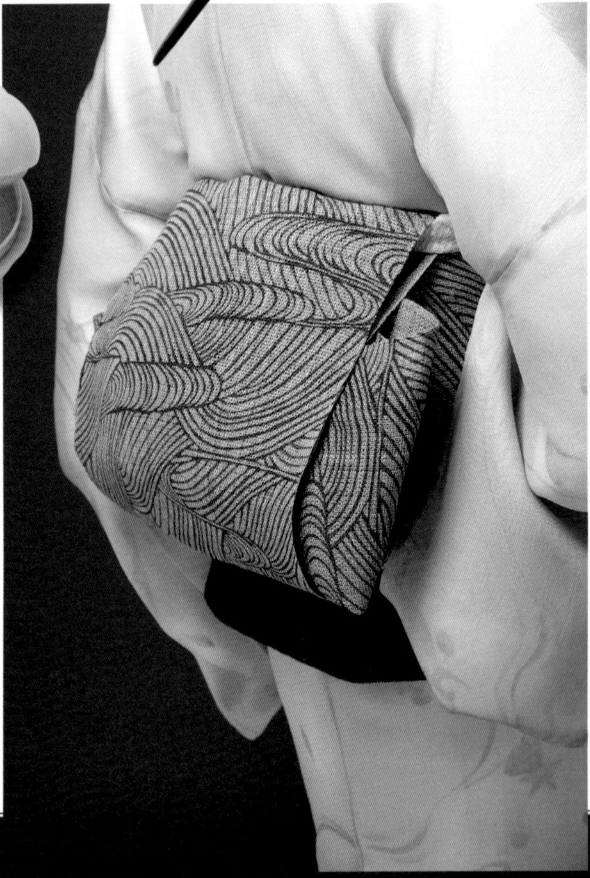

シナノキの樹皮を原料にした科布から作られた帯です。このデザインからシニヨンの造形をイメージしました。

ネットをかけた髪を自在にうねらせながら形作るヘアは、貝の形を参考にしながら、波のうねりを表現しています。髪にはツヤを与えて、光に当たると波の輝きを想起させます。

KEYWORD

涼やか クール 粋
個性的 アグレッシブ

仕上がりイメージ

波のうねりを表現した 貝の形のヘアスタイル ウォーム系のベースメイクに ブルーのラインで夏らしく

貝殻の形をモチーフにしながら、波のうねりを表現したヘアスタイル。ツヤを与えることで、光を浴びて輝く海の波をイメージ。涼やかな色のアイラインをポイントにしながら、目元のベースと頬にはウォーム系の色を用いて、夏らしい雰囲気もプラス。

オレンジゴールドのチークで骨格を際立たせターコイズブルーの目元で健康的に

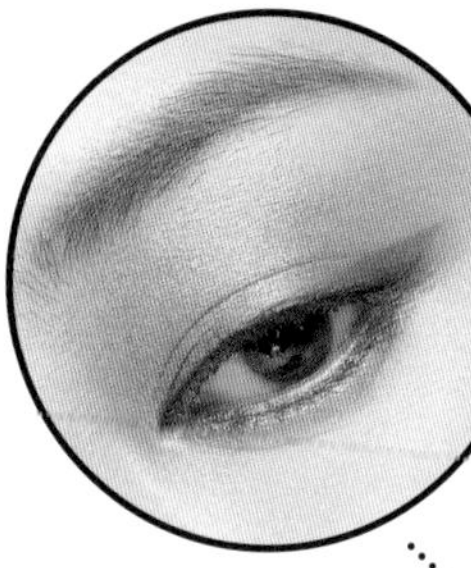

EYES

目元は繊細な輝きのウォームカラーをアイホールを目安に入れ、まぶたを明るく仕上げます。ターコイズブルーのアイラインを効かせた目元です。目尻に向かって、やや太く、長めになるようにラインを引きます。さらに目のキワに細く黒のアイラインを入れ、引き締めましょう。

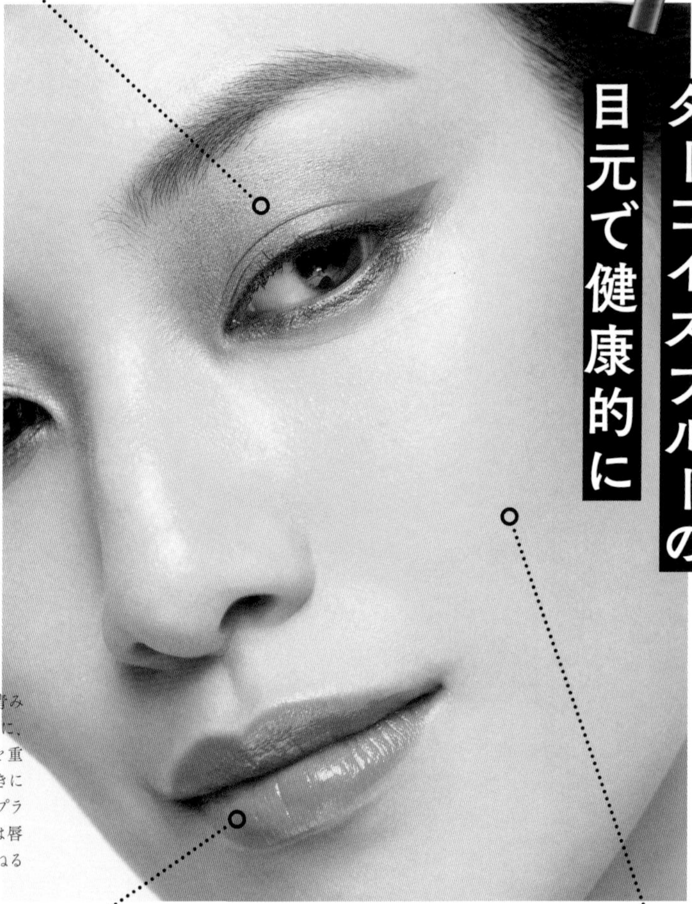

LIPS

ツヤとパール感のある、青みがかったピンクのリップに、ラベンダー色のリップを重ねました。リップは薄づきにして、ほどよい立体感をプラス。ラベンダーのリップは唇の内側にぽんぽんと重ねる程度でOKです。

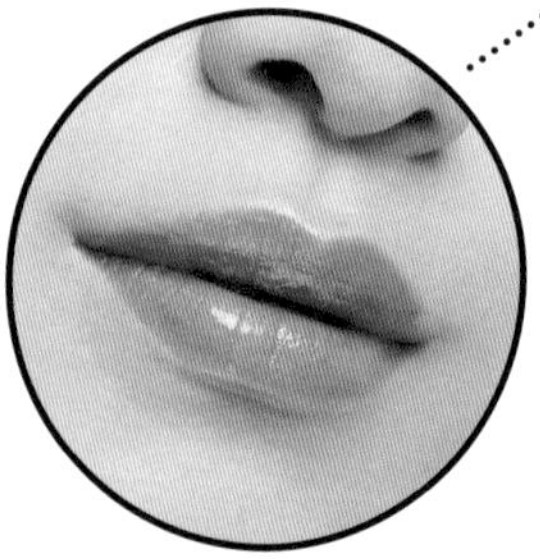

CHEEKS

頬骨の下からこめかみに向け、オレンジゴールドのチークを楕円形に入れます。それにより、ご自身の骨格をくっきりと際立たせる効果があり、凛として涼やかな印象に仕上がります。夏着物なので、ベースメイクもナチュラルな色合いを心がけて。

自分でできる

ネットを使うことで 簡単に仕上がる 曲線を生かした 華やかなまとめ髪

貝殻のような曲線を描いたシニヨンがポイントです。髪をネットに包み、ウェーブを生かしながらまとめ上げていきます。ネットがあるので、アレンジヘアが苦手な方でも自在に動かしやすく、留めやすいです。なお、ネットの縁にある黒いゴムが表面に出てしまわないよう、形作りながら中に入れ込んでください。また、シニヨンはご自分の好きな形にアレンジ可能です。まとめる位置を高くすると、若々しい印象に変わります。

準備するもの

- □ヘアネット
- □ブラシ
- □ヘアゴム
- □ダッカール
- □Uピン
- □アメリカピン
- □カールアイロン
- □ブローローション
- □ヘアワックス

1

毛先にブローローションをつけ、軽く乾かしてから、カールアイロンで髪全体を巻いていきます。

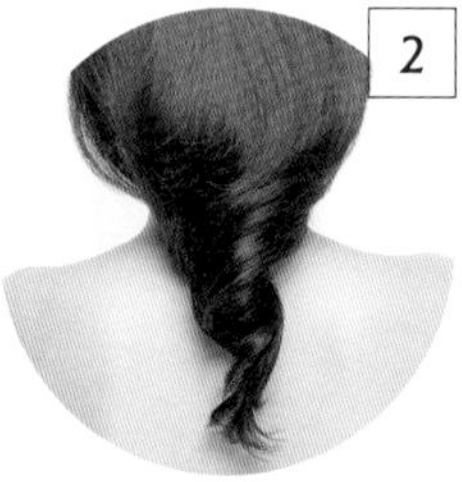

2

巻きあがったらヘアワックスをつけ、ねじってひとまとめにします。

ブロッキング

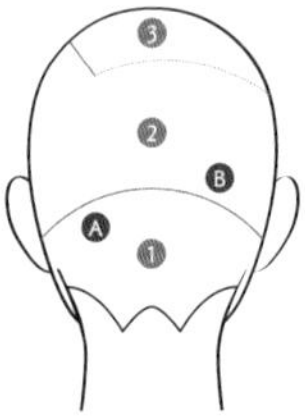

この位置で髪をブロッキングします。書かれている数字の順に進んでいきます。　素材提供／PIXTA

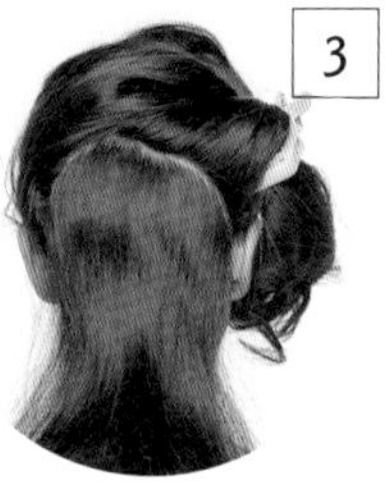

3

右の図のようにブロッキングし、❷と❸はダッカールで留めておきます。

4

ブロッキング❶の毛束をよくブラッシングします。

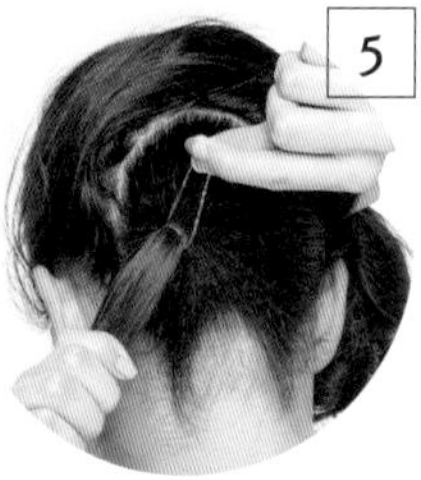

5

Ⓐの位置で、ゴムで結びます。

6

毛束を左右に分け、ゆるまないようにきゅっと引っ張ります。

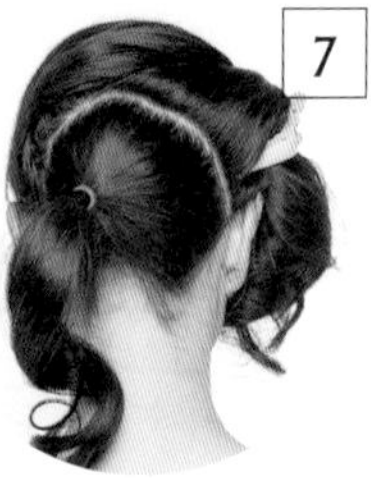

7

下部パートの完成です。

8

ブロッキング❷の髪をおろし、ブラッシングします。

9

Ⓑの位置で、ゴムで結びます。

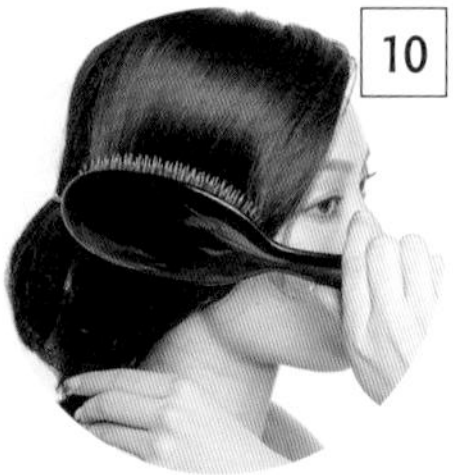

10

ブロッキング❸の前髪をおろし、フロント部分をサイドに流しながら、ブラシで形づけます。

11

Ⓑの結び目の下に前髪をなでつけ、アメリカピンで固定します。

2枚用意します

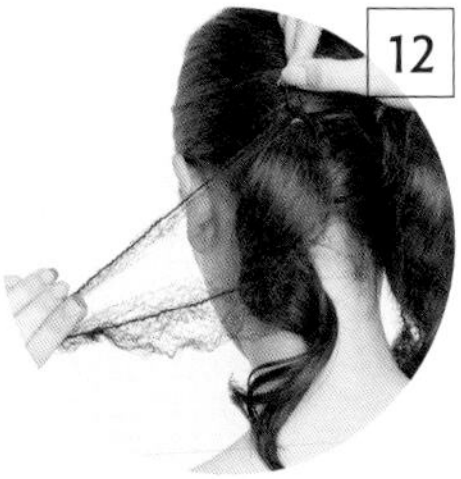

🅐の結び目にヘアネットを引っ掛け、Uピンを挿して固定します。

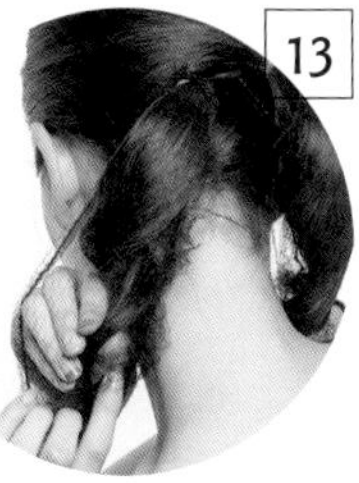

毛束をネットに入れ込みます。

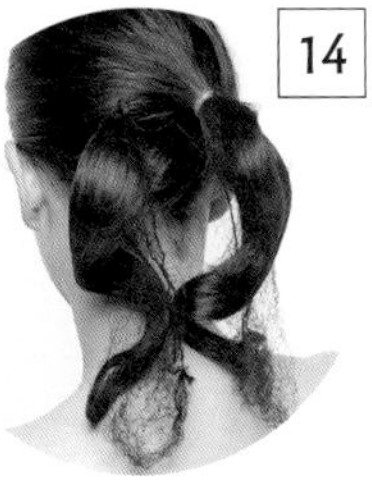

🅑の結び目にも同様に2枚目のヘアネットを挿し、毛束を入れ込みます。

ネットに入ったブロッキング❷の毛束を動かし、❸の毛束の下に持っていきます。

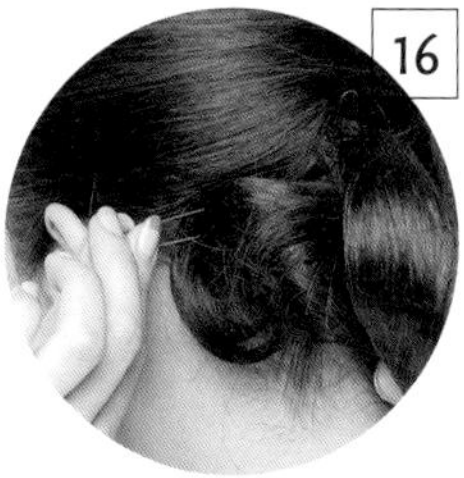

端をUピンで固定します。

一度ネットを引っ張って、中の毛を整えます。

ネットに入った毛束は自在に動かしやすいので、形づけしやすいです。

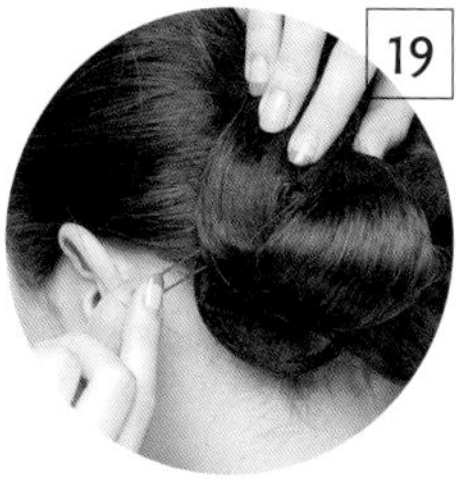

髪の流れに沿いながら、🅐の結び目の横に毛束をネットごと動かし、Uピンで固定します。

🅐の結び目の上あたりに毛束をネットごと引っ張って形づけ、ここもUピンで固定します。

髪を押さえながら、髪の流れに沿って毛先を🅑の結び目のほうへ運びます。

毛先を🅑の結び目あたりでUピンで固定します。

完成

草木染の糸を使用した、奥行きと重厚感のある紬の着物「黒船」のタイトルに合わせ、静かな強さを持つ女性を表現

人間国宝のお一人である、草木染の染色家・志村ふくみ先生による紬の作品です。タイトルは「黒船」。一本ずつ染め上げた糸を緻密に計算し、色を重ねながら紡がれた着物には、広大な海らしい奥行きと重厚感があります。そんな海の中をまっすぐに進んでくる黒船——その姿からは、圧倒的な存在感と揺るぎない信念が感じられます。ここではそんな海と黒船のイメージに合わせ、静かな強さと美しさを持つ女性像を作り上げました。

ヘアはあえて複雑にせず、シンプルな夜会巻きをモダンにアレンジ。夜会巻きの持つ重厚感は残しながらも、水平に引いていく髪の流れが紬の色の層に重なり合い、全体のコーディネートに調和させています。螺鈿のかんざしは波打ち際のイメージで。アイメイクにはバイオレット、チークにオレンジを使用し、海に映える夕日や空の変化を表現。華美すぎない落ち着きのある女性像を作りました。口元には、着物の中にあるブラウンがかった赤の糸に合わせた色をのせ、シックな印象に仕上げました。

インスピレーションの源
Inspirations for CREATION

美しい着物の柄、心ときめくモチーフ、忘れられない思い出の品、優美な髪のうねり――
さまざまなアイテムやヒントを元に、表現したい女性像を作り上げます。
ここではクリエイション発想の源泉を紹介いたします。

エレガントな夜会巻きで、シンプルながら存在感のある女性像をイメージしています。髪の流れを水平にすることで、紬の色合いが織りなす層と重なり合うようにしました。

写真提供／PIXTA

着物を見たときに、その名前と色合いから、夕日と海を連想しました。水平線にゆっくりと沈んでいく夕日と、差し込む夕陽が水面に輝く様をメイクで表現しています。

帯は、着物に合わせて志村先生が選んでくださったものです。ゴールドとシルバーが効果的に使われていますが、品があって美しい。この「静かな美しさ」を表現したいと思いました。

「黒船」の名がついた紬は、志村ふくみ先生の手による草木染の色が繊細に折り重なっています。青と茶が貴重ですが、一本ずつ微妙に色合いが異なっているために奥行き感があり、特別な重厚さがあると感じます。この洗練された重厚感が、デザインのヒントとなりました。

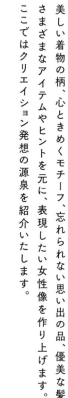

仕上がりイメージ

紬の層と重なり合う、毛流れの美しい夜会巻き 海に沈みゆく夕陽の色合いをメイクで表現

KEYWORD

洗練 重厚感 夕陽
シンプル エレガンス

夜会巻きは、紬の層と重なり合うように毛の流れを美しく整えます。目元は、ゆっくりと海に沈んでいく夕日の繊細な色合いを表現するため、バイオレットのグラデーションに。頬には夕日を思わせるチークを差して、ナチュラルで洗練された女性像に。

パール感のあるバイオレットのアイカラーで、夕日が落ちていくときの海や空の変化を表現しました。自然な美しさを表すために、肌は作りこみすぎず、ナチュラルを目指しました。

バイオレットのグラデーションで立体感と重厚感のある美しい目元に

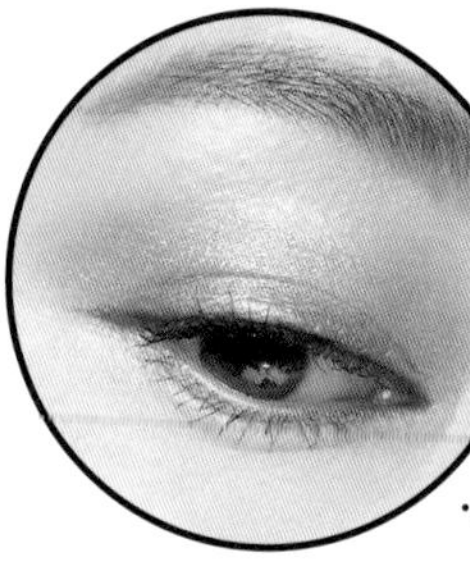

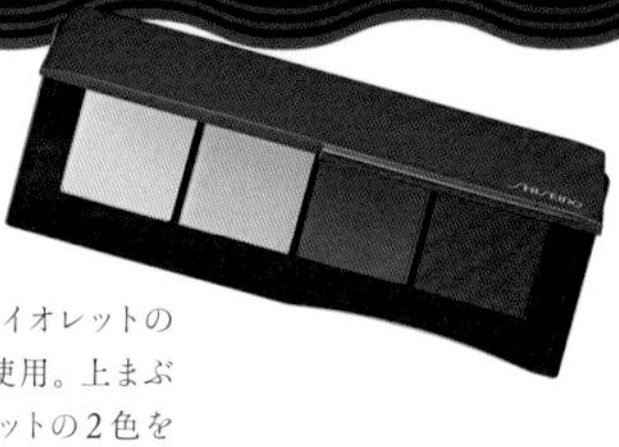

EYES

やわらかなピンクとバイオレットのアイカラーパレットを使用。上まぶたはピンクとバイオレットの2色を使って、自然なグラデーションに。下まぶたには、目尻から目頭に向けてピンクを入れています。

CHEEKS

ベースの肌はフォーマルになりすぎないように、ファンデーションは薄づきに、肌の色を生かして仕上げます。チークは肌なじみのよいコーラル系を楕円形にふんわりと入れ、骨格の美しさを印象づけました。

LIPS

着物の中にある、ブラウンがかったレッドをイメージ。黄赤みのあるレッドはで、シックな印象に仕上がります。紅筆できちんと輪郭を取ることで、大人っぽいモダンさを表現できます。

自分でできる

丁寧にブラシをかけることで毛流の美しさを際立たせて

シンプルなヘアスタイルだからこそ、毛流の美しさが鍵となります。髪を水平に引いていくとき、丁寧にブラシをかけて髪の表面を整えてください。巻き終わりにピンを挿すのが苦手な方は、ワイヤーコームを使うと便利です。また、前髪を横に流すときは、額にぴったりと前髪をつけないこと。コームの先端を前髪の下に入れ、少し浮かすだけでもやわらかさが出て、女性らしい印象に仕上がります（詳しい作り方はP.020コラム参照）。

準備するもの

- □カールアイロン
- □ヘアゴム
- □ダッカール
- □Uピン
- □ブラシ
- □アメリカピン
- □ワイヤーコーム
- □ブローローション
- □ヘアワックス
- □ヘアスプレー

ブローローションを軽くつけ、毛先をカールアイロンで巻き、まとめやすくします。

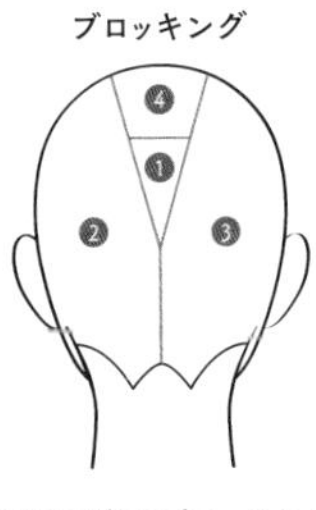

この位置で髪をブロッキングします。書かれている数字の順に進んでいきます。　素材提供／PIXTA

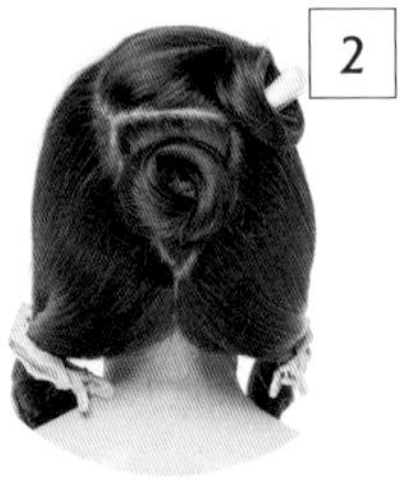

ブロッキングしたらワックスを全体につけ、ダッカールで留めておきます。

「根」を作ります。ブロッキング❶の髪をゴムで結びます。

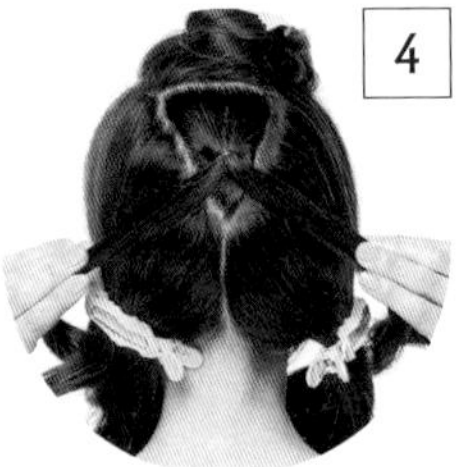

左右に分け、両端を持ってきゅっと結びます。

ブロッキング❷の髪をよくブラッシングします。

❷の毛束を、根（ブロッキング❶）の髪とあわせてゴムで結びます。

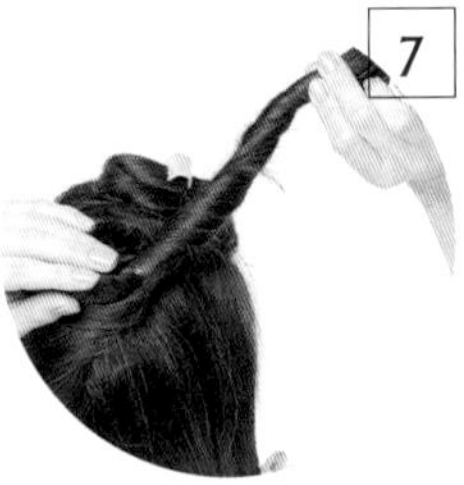

ゴムで結んだ毛束を、斜め上にねじり上げます。

きつくねじり上げていきます。

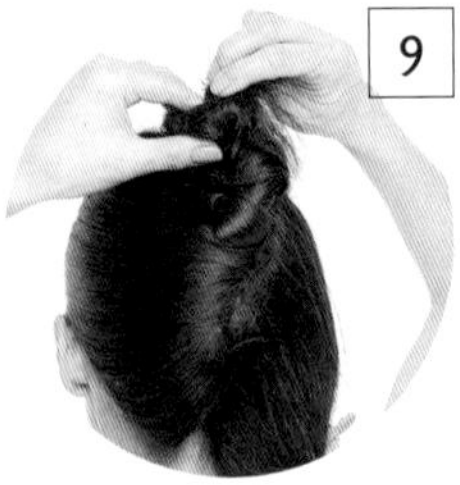

このくらい小さくなるまで、しっかりとねじり上げ、小さなお団子を作ります。

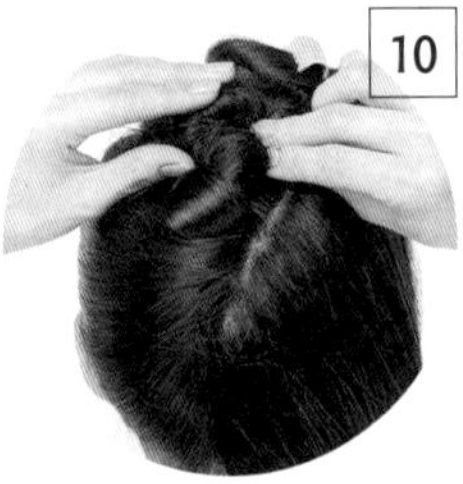

毛先をUピンで仮留めします。

ねじった毛束全体をピンで固定します。これが「根」になります。

ブロッキング③の髪をよくブラッシングします。

襟足がたるまないようにあごを上げてブラッシングしながら、毛束を左上へ持ち上げます。

14

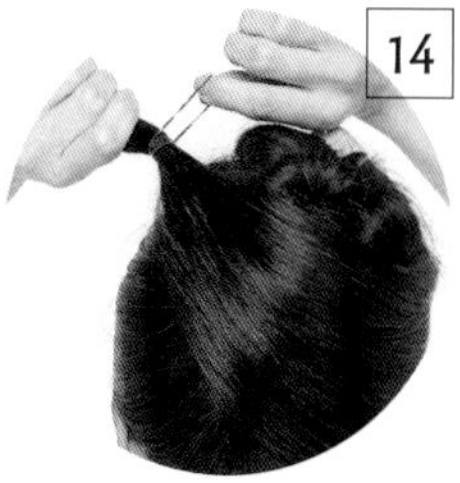

左斜め上で引っ張りながら、毛先をゴムで結びます。

15

毛先を持ち、[14]で固定した「根」に沿わせながら巻きます。

16

巻き終わりをUピンで固定します。

17

ブロッキング❹の前髪を下ろし、よくブラッシングします。

18

ブラッシングしながら後方へ持っていきます。

19

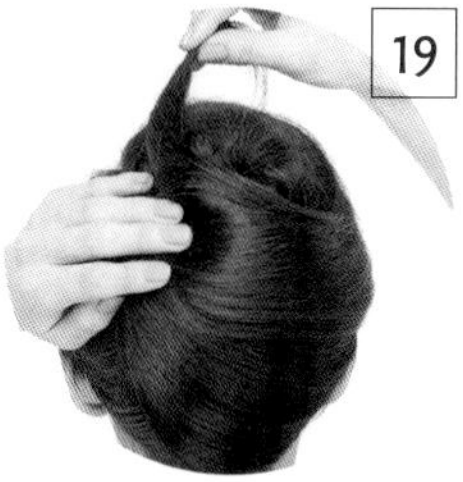

左手で髪を押さえながら、[18]で巻き上げた髪に沿わせ、融合させながら巻き上げます。

20

髪を押さえながら、ワイヤーコームを挿して固定します。

21

このように奥までしっかりと挿してください。

22

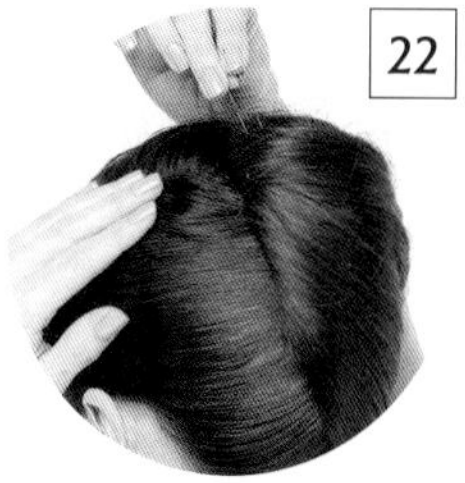

不安定なところはUピンで固定します。

23

余った毛先は髪の流れに沿わせて、小さくまとめます。

24

毛先はUピンで奥に入れ込みます。

25

前髪を額に沿わせて整えます。額に髪が貼りつかないよう、少し額から浮かしてニュアンスをつけましょう。最後に全体に軽くヘアスプレーをかけます。

完成

同じ手順でやっているのになぜかうまくいかない。そんな経験はありませんか？
それは、普通なら力を抜いてしまう細かいところにも、丁寧に手を加えているから。
このコラムでは、鎌田由美子がヘアメイクの際に加えている、プロならではの技法を紹介します。

まつ毛

美しいまつ毛は目を大きく開き、瞳に輝きを与えてくれます。マスカラを美しく仕上げるためには、初めにスクリューブラシでまつ毛についたファンデーションやアイカラーの余分な粉を落としましょう。マスカラは、まつ毛の根元に置いて少し左右に動かしてから、先端に向けてすっと動かします。中央、目頭寄り、目尻寄りの3パートに分けて塗りましょう。最後に、スクリューブラシを根元から先端に向けて回転させながら動かし、余分なマスカラを取り除きます。

眉毛

美の要は“眉頭”です。美しく感じる要素はシンメトリーであること。しかし、人の顔は左右対称ではありません。だからこそ、顔の中心になる眉頭の位置や高さをそろえ、美しく描くことが決め手になります。アイブローパウダーで眉山から眉尻、中央部分を描き、左右の眉頭は筆先に残ったパウダーでソフトに描くのがポイント。左右の位置をよく見て苦手な方から先に描き、ソフトで美しい眉頭に仕上げましょう。

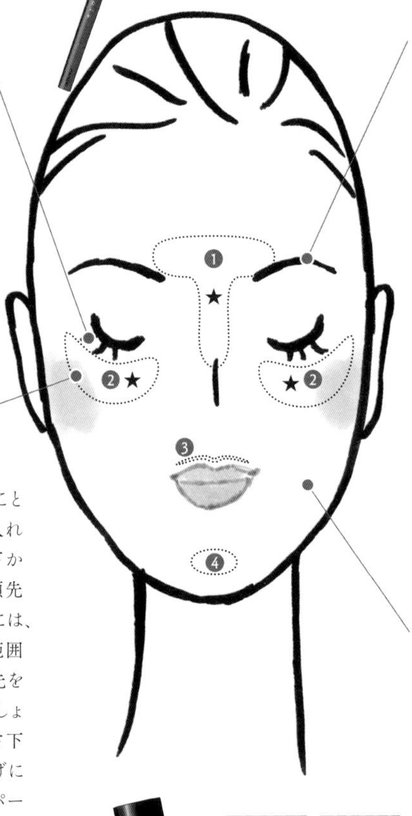

ハイライト

ハイライトは光をコントロールすることで顔に明るさや輝きを与えます。入れる場所は、❶Tゾーン、❷目の下から頬骨の上、❸上唇の輪郭、❹顎先の4ヶ所。特に印象を高めるためには、初めにブラシを置く場所が重要。範囲の広い❶と❷は★の位置から筆先を入れ、点線部にふんわりと広げましょう。ナチュラルに仕上げるなら、右下の商品を。ドラマティックな仕上げには、左下の商品を使うと、繊細なパール感で華やかな印象を与えられます。

化粧下地

化粧下地は化粧持ちだけでなく、選び方次第で肌の印象を大きく左右する大切なアイテムです。なりたいイメージやシーンによって使い分けをおすすめします。左と中央の商品は、肌をふんわりトーンアップさせる効果があるので、フォーマルな場によく合います。透明感のある仕上がりで、格の高い着物やロマンティックな雰囲気を出したいときにピッタリ。右の商品はナチュラルに仕上がるので、モダンな印象を与えたいときにおすすめです。

※掲載商品の名称はP.158をご参照ください

PART 3

目的別・逆引きINDEX

本書には、クラシック、ネオクラシック、モダンと
さまざまな種類の着物ヘアメイクが掲載されています。
この章ではみなさまの用途にピッタリと合う着物と
ヘアメイクが見つかるよう、逆引きINDEXを作りました。
着物の種類、着物作家、イメージ表現、
イベント・シチュエーション別で、
必要な用途や今の気分、なりたい自分像に合わせた一点を
見つけてみてください。

本書に掲載されている 着物の種類別

本書では、着物とヘアメイクをトータルで楽しむために、着用機会の多い振袖、訪問着、小紋や紬などのおしゃれ着を中心にご紹介いたします。

監修：秋月洋子

振袖

未婚女性の正装で、長い袖が特徴。全面に柄をあしらった華やかなものが多く、自分の結婚式や成人式のほか、結婚式への参列、お茶会に出席する際にも着用される。袖の長さによって「大振袖」「中振袖」「小振袖」がある。

⇒P.024

⇒P.034

⇒P.072

⇒P.076

⇒P.108

訪問着

未既婚問わずに着られる準礼装の着物。結婚式の披露宴やフォーマルなパーティにて着用されることが多く、紋の有無、数により格の高さが変わる。縫い目をまたいで模様が入っていることが特徴で、着物全体に柄が描かれていることが多い。

⇒P.008

⇒P.028

⇒P.030

⇒P.044

⇒P.066

⇒P.076

⇒P.086

⇒P.110

⇒P.114

小紋

ワンピース感覚で着られる街着の一種。同じパターンの模様が、染めの技法によって着物全体にちりばめられているのが特徴。素材や柄付け、帯合わせによって、セミフォーマルからカジュアルまで、さまざまなシーンに対応できる。

⇒P.014

⇒P.032

⇒P.054

⇒P.074

⇒P.108

⇒P.112

紬

糸の状態で染めてから、手機や織機を用いて織り上げられた生地。織によって柄を表現するため、複雑で繊細な色柄や独特の艶のある風合いが生まれる。趣味性の強い着物で、主におしゃれ着として着用される。

⇒P.008

⇒P.138

夏着物について

6月から9月上旬にかけて着用される、夏ならではの軽やかな素材を使用した着物。袷と同じように振袖や訪問着、小紋、紬などがあり、薄く繊細な素材を活かした柄付けや加工が施される。中でも絽や紗、麻などの「薄物」と呼ばれる透け感の強いものは、従来の暦では7・8月のみとされてきたが、気温の高い現代では6月から9月上旬まで状況により判断して着用されている。

⇒P.044

⇒P.128

江戸小紋《えどこもん》

小紋の中でも「江戸小紋」は、ほとんど無地に見えるほど細かな柄が描かれたもの。柄や紋の有無によっては、フォーマルでも着用できる。

⇒P.118

お召《めし》

「お召ちりめん」の略。生地表面に凹凸のある、さらっとした手触りの絹織物。独特の光沢があるため、無地感覚のものであれば紋を付けて略礼装としても。

⇒P.096

紅型《びんがた》（京紅型《きょうびんがた》）

沖縄を代表する伝統的な染色技法のひとつ。紅は「色」を指し，型は「文様」の意味を持つ。一方、京友禅の染色を取り入れた紅型を「京紅型」と呼ぶ。

⇒P.032

⇒P.074

⇒P.108

手《て》描《が》き友禅《ゆうぜん》（京友禅《きょうゆうぜん》）

着物の染色技法のひとつ。すべての工程を繊細で緻密な手作業によって、絵画のように描き染めていく。なかでも京都地域で制作されたものを、京友禅と呼ぶ。

⇒P.030

⇒P.044

⇒P.066

⇒P.072

刺繍《ししゅう》

着物の技法のひとつ。着物の柄をすべて刺繍によって作り上げるものを「総刺繍」と呼ぶ。糸の組み合わせや多種多様な刺繍技法により、奥行きのある表現が生み出される。

⇒P.034

⇒P.086

桶絞《おけしぼ》り

大きな柄を異なる色で染め分けするときに用いる、絞り染めの一種のこと。その名の通り木桶を用いて、生地を染める部分・染めない部分に細かに分けて絞る。

⇒P.028

⇒P.114

ろうけつ染め

蝋《ろう》を使用した染色技法。溶かした蝋を筆に含ませて布に塗り、その部分だけ染まらないようにした上で、色を重ねる。蝋の厚みによって色合いがまばらに出る。

⇒P.024

⇒P.110

更紗《さらさ》

インドに起源のある模様のこと。木綿や絹の生地に、草木や樹木、花、動物など、エキゾチックで個性的な模様をあしらったものが多い。

⇒P.014

絽《ろ》・紗《しゃ》

代表的な夏着物の素材。透け感の強い紗は盛夏向き。段の幅により透け具合の変わる絽は、紗よりも長く6～9月に渡って着用できる。

⇒P.128

⇒P.044

本書では、独自の世界観で多くのファンを持つ、
染色家、着物作家、キモノデザイナーの方々の作品をご覧いただけます。

※五十音順・敬称略

志村ふくみ

⇒P.138

しむら・ふくみ／滋賀県生まれ。染織家、随筆家。31歳のとき、母・小野豊の指導で植物染料と紬糸による織物を始める。重要無形文化財保持者（人間国宝）、文化功労者、第30回京都賞（思想・芸術部門）受賞、文化勲章受章、京都市名誉市民。著書多数。2013年に娘・洋子、孫・昌司とともに、芸術学校アルスシムラを開校。

https://shimuranoiro.com/

青野保夫

⇒P.110

あおの・やすお／愛媛県生まれ。1980年、京都に青野工房を設立。2000年から「ファッションカンタータ from KYOTO」に出品を続けるほか、「きものサローネ in 日本橋」にも出品。2020年に設立40周年を迎える。

http://www.aonokoubou.com/

志村洋子

⇒P.008

しむら・ようこ／東京都生まれ。染織家、随筆家。「藍建て」に強く心を惹かれ、30代から母・志村ふくみと同じ染織の世界に入る。1989年に、宗教、芸術、教育など、文化の全体像を織物を通して総合的に学ぶ場として「都機工房」を創設。著書・共著多数。2013年に母・ふくみ、息子・昌司とともに、芸術学校アルスシムラを開校。

https://shimuranoiro.com/

大久保玄才

⇒P.070

おおくぼ・げんさい／京都生まれ。外務省の要請により、国際文化交流として多くの国々の美術館などで玄才永遠のテーマ「天地自然」作品展を開催。数々のハリウッド女優や日本の女優・モデルからのきもの制作依頼も多く、今では「玄才友禅」として独自の世界を確立し、日本だけでなく世界各地で活躍中。

https://www.gensaikobo.com/

JOTARO SAITO

⇒P.014

⇒P.112

ジョウタロウ・サイトウ／京都市生まれ。祖父に染色作家の故・斉藤才三郎、父に現代キモノ作家・斉藤三才を持ち、近代染色作家の礎を築いてきた家系に生まれる。27歳でキモノ作家としてデビュー以降、現代空間にマッチするファッションとしてのキモノを追求。日本を代表するキモノデザイナー、テキスタイルアーティストとして活躍中。

https://www.jotaro.net/

二代目・栗山吉三郎

⇒P.032

⇒P.074

くりやま・きちざぶろう／岐阜県生まれ。初代栗山吉三郎に師事。1967年、栗山工房を設立。1989年、二代目栗山吉三郎を襲名。民芸活動に再発掘された沖縄の紅型と京都の染色を融合する、京都ならではの新しい染色「和染紅型」を誕生させた第一人者。栗山工房では、彼独自の世界を生み出している。

http://kuriyamakoubo.com/

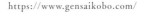

羽田 登

⇒P.072

はた・のぼる／京都市にて、羽田登喜男の長男として生まれる。染色工芸家（手描き京友禅）。京都市立美術大学（現・芸術大学）日本画科卒業。2006年、京都府指定無形文化財「友禅」保持者に認定。2011年京都府文化功労賞。2013年旭日双光章。2014年京都市文化功労者。内外の展覧会にて発表を続けている。

http://hatakoubou.com/

藤井 浩

⇒P.028

ふじい・ひろし／京都市生まれ。さまざまな絞り技法に、素描きやぼかし染めを駆使し、作品を制作。独自の色彩とマッチングが好評を博し現在に至る。全国で個展を中心に活動し伝統の絞りや染色を新しい感覚で提案。そのファン層は広く、八代亜紀さんを中心に芸能関係やマスメディアでも注目を浴びている。

https://www.atelier-fujikoh.com/

藤井裕也

⇒P.114

ふじい・ひろや／京都市生まれ。藤井浩の長男として幼少より染色の環境で育ち、独自の色使いで京染めと絞りを組み合わせた作品を創作。斬新な作風の絞り作品が好評を博す。古典芸能にも造詣が深く幅広い創作活動に取り組み、和の魅力を伝えている。「ファッションカンタータ from KYOTO」作品発表を重ねている。

https://www.atelier-fujikoh.com/

丹下雄介

⇒P.024

たんげ・ゆうすけ／京都市生まれ。1970年、染織工芸家 岸田竹史氏（日展評議員）に師事。日展入選30数回、日本新工芸展、京都工芸美術展ほか多数入賞。国内での制作活動に加え、海外での蠟染の普及にも努めている。日展会友・日本新工芸家連盟理事・京都工芸作家協会理事も務める。

http://www.tange-shin.com/

西田裕子

⇒P.108

にしだ・ゆうこ／京都市にて、二代目・栗山吉三郎の次女として生まれる。1999年、栗山工房にて型染の修行を始める。2014年・17年、「ファッションカンタータ from KYOTO」にて作品を発表。第48回日本伝統工芸近畿展入選。和染紅型を継承し独自の世界を志し研鑽中。

http://kuriyamakoubo.com/

羽田登喜

⇒P.030

⇒P.066

はた・とき／京都市にて、羽田 登の次女として生まれる。染色工芸家（手描き京友禅）。京都市「Do You Kyoto?」大使。京都市立芸術大学美術学部工芸科染色専攻卒業。同大学院修士課程修了。'94京都工芸ビエンナーレ入選。2007年・第36回日本伝統工芸近畿展初出品初入選。内外の展覧会にて発表を続けている。京都工芸美術作家協会会員。

http://hatakoubou.com/

イメージ表現別

KIMONO　BEAUTYは、着物×着る人×ヘアメイクによる、総合的なイメージ演出です。表現する世界観をキーワード別に検索することができます。

エレガント

⇒P.030

⇒P.044

ノーブル

⇒P.008

⇒P.024

⇒P.030

ロマンティック

⇒P.028

⇒P.076

華やか

⇒P.034

⇒P.066

艶やか

⇒P.070

⇒P.096

優美

⇒P.044

⇒P.072

⇒P.138

ラグジュアリー

⇒P.044

⇒P.072

凛

⇒P.034

⇒P.118

洗練

⇒P.086

⇒P.114

⇒P.138

可憐

⇒P.008

⇒P.024

KAWAII

⇒P.032

⇒P.108

スウィート

⇒P.028

⇒P.032

キュート

⇒P.074

⇒P.110

イベント・シチュエーション別

四季折々のイベントや、日常を彩るシチュエーションごとに、装いたい着物ヘアメイクを分類しました。「どんな装いで行けばいいかな？」と迷ったときに、逆引きしてください。

結納

⇒P.024 ⇒P.030 ⇒P.034 ⇒P.044 ⇒P.086

和の観劇
（歌舞伎、能など）

⇒P.008 ⇒P.014 ⇒P.032 ⇒P.054 ⇒P.070 ⇒P.074 ⇒P.096 ⇒P.108
⇒P.112 ⇒P.114 ⇒P.118 ⇒P.128 ⇒P.138

洋の観劇
（オペラ、バレエ、クラシック音楽など）

⇒P.024 ⇒P.028 ⇒P.030 ⇒P.034 ⇒P.044 ⇒P.066 ⇒P.070 ⇒P.086
⇒P.128 ⇒P.138 ⇒P.114 ⇒P.118

ライブ

⇒P.014 ⇒P.110 ⇒P.112

フォーマルなパーティ

⇒P.028 ⇒P.030 ⇒P.024 ⇒P.034 ⇒P.072 ⇒P.076 ⇒P.086 ⇒P.114

カジュアルなパーティ

⇒P.032 ⇒P.076 ⇒P.096 ⇒P.070 ⇒P.110 ⇒P.138

クリスマスパーティ

⇒P.014 ⇒P.028 ⇒P.070 ⇒P.072 ⇒P.110 ⇒P.074 ⇒P.112 ⇒P.108

アフタヌーンティー

⇒P.030 ⇒P.086 ⇒P.118 ⇒P.138

▶ P.114～117
桶絞り訪問着「愛しき人へ～薫風～」袋帯、帯揚げ、帯締め：藤井裕也 作（アトリエ・フジコウ）

▶ P.118～127
よろけ木賊文様江戸小紋、翁格子染め名古屋帯：竺仙、クラッチバッグ：JOJO reticule（FLOW）／鼈甲に螺鈿細工の簪：銀座かなめ屋**【メイク商品】**目元：NARS ハードワイヤードアイシャドー 5351. 5349、SHISEIDO メーキャップ カジャルインクアーティスト 06 Birodo Green／頬：ドルチェ&ガッバーナ ブラッシュオブローズ ルミナスチークカラー 110／口元：クレ・ド・ポー ボーテ ルージュルミヌ 01.03

▶ P.128～137
琥珀の簪：銀座かなめ屋**【メイク商品】**目元：クレ・ド・ポー ボーテ オンブルクルールクアドリn 313、SHISEIDO メーキャップ カジャルインクアーティスト 07 Sumi Sky／頬：SHISEIDO メーキャップ インナーグロウチークパウダー 05／口元：クレ・ド・ポー ボーテ ルージュルミヌ 2 ラベンダー、SHISEIDO メーキャップ カラージェルリップバーム114

▶ P.138～147
草木染手織紬「黒船」：志村ふくみ 作（都機工房）
帯揚げ：はんなり浅草店／鼈甲に螺鈿細工の簪：銀座かなめ屋／シトリンの帯留め、ゴールドパールとパールのリング：山清堂**【メイク商品】**目元：SHISEIDO メーキャップ エッセンシャリストアイパレット 07／頬：SHISEIDOメーキャップ インナーグロウチークパウダー06／口元：クレ・ド・ポー ボーテ ルージュアレーブルn 9

▶ P.148（コラム）
【メイク商品】化粧下地：クレ・ド・ポー ボーテ ヴォワールコレクチュールn、マキアージュ ドラマティックスキンセンサーベース EX トーンアップ、マキアージュ ドラマティックスキンセンサーベース EX ナチュラル／眉：マキアージュ アイブロースタイリング（3D）50、SHISEIDO メーキャップ ブロウインクトリオ 03 Deep Brown／まつ毛：クレ・ド・ポー ボーテ マスカラシルエトフェ 1、資生堂 シュエトゥールズ ブロー&アイラッシュブラシ／ハイライト：マキアージュ ドラマティックムードベール（シルキー）、クレ・ド・ポー ボーテ レオスールデクラ 14

※表記のないものは、すべて着物作家またはスタイリスト私物です

問い合わせ先一覧

▶ あ
青野工房 ☎075-344-7326 http://www.aonokoubou.com/
アトリエ染花（プランシュ） ☎03-3499-6820
http://www.atelier-senka.com/
アトリエ・フジコウ ☎075-366-9471 http://www.atelier-fujikoh.com
OKANO GINZA SIX店 ☎03-6274-6286 https://okano1897.jp/

▶ か
きもの 円居 ☎03-5623-9030 https://www.madoi.co.jp/
銀座かなめ屋 ☎03-3571-1715 http://www.kanameya.co.jp/
栗山工房 http://kuriyamakoubo.com/
玄才工房 玄屋 ☎075-741-3307 https://www.gensaikobo.com/

▶ さ
榮 http://sakaefly.exblog.jp/
山清堂 ☎075-525-1470 http://www.sanseidou.com/
資生堂 商品に関するお問い合わせ お客さま窓口 ☎0120-81-4710
JOJO reticule（FLOW）☎03-5579-9008 http://www.jojobag.jp/
JOTARO SAITO GINZA SIX店 ☎03-6263-9909
https://www.jotaro.net/

▶ た
高尾工芸 ☎075-881-6144
丹下信株式会社 ☎075-222-1255 http://www.tange-shin.com/yusuke/
竺仙 ☎03-5202-0991 https://www.chikusen.co.jp/
都機工房 https://shimuranoiro.com/
DOLCE&GABBANA BEAUTY（ドルチェ&ガッバーナ ビューティー）
☎0120-500-722

▶ な
NARS Cosmetics（ナーズ） ☎0120-356-686
NOBORU SHIONOYA ☎03-3486-4490
http://www.noborushionoya.com/

▶ は
羽田工房 http://hatakoubou.com/
はんなり浅草店 ☎03-5830-0155 https://han-nari.jp/
藤岡組紐店 ☎0595-22-8551 http://www.ict.ne.jp/~obishime/

▶ ま
宮脇賣扇庵 東京店 ☎03-5565-1528 http://www.baisenan.co.jp/

▶ や
ゆめや ☎055-251-4141 https://www.yumeyakimono.jp/

▶ ら
Laura Mercier Cosmetics（ローラ メルシエ ジャパン）
☎0120-343-432

着物・小物・化粧品一覧

▶表紙／もくじ／PART1（P.008～013）
草木染手織紬「マリア」：志村洋子 作（都機工房）
帯揚げ：はんなり浅草店／帯締め：藤岡組紐店／パールとダイヤの簪：山清堂　**【メイク商品】**目元：クレ・ド・ポー ボーテ オンブルクルールクアドリn 309、SHISEIDO メーキャップ　オーラデュウプリズム 02／頬：NARS ブラッシュ 4033／口元：クレ・ド・ポー ボーテ　ルージュアレーブルカシミア 103

▶PART1（P.014～019）
小紋・JOTARO現代更紗、2種の組合せニットストール、赤地唐花文様袋帯、レース半襟：JOTARO SAITO（JOTARO SAITO GINZA SIX店）／ラインストーンとチェーンのピアス：NOBORU SHIONOYA／ゴールドとブラックパールのリング：山清堂　**【メイク商品】**目元：NARSドゥオアイシャドー 3917／頬：ドルチェ&ガッバーナ ブラッシュオブローズルミナスチークカラー 100.110／口元：SHISEIDO メーキャップ モダンマットリップスティック 524

▶P.024～027
ろうけつ染め・牡丹図振袖「爽風」&銀地袋帯：丹下雄介 作（丹下信株式会社）
髪飾り：アトリエ染花（プランシュ）

▶P.028～029
桶絞り訪問着「今様琳派TUBAKIの風」：藤井 浩 作（アトリエ・フジコウ）
髪飾り：NOBORU SHIONOYA

▶P.030～031
手描き京友禅 訪問着「爽日」：羽田登喜 作（羽田工房）

▶P.032～033
京紅型 小紋「月下美人」二代目 栗山吉三郎 作（栗山工房）
髪飾り：アトリエ染花（プランシュ）

▶P.034～043
黒地総手刺繍振袖、市松文様袋帯、帯揚げ、三部紐：はんなり浅草店／彫金細工にダイヤ 松竹梅帯留め／山清堂　**【メイク商品】**目元：クレ・ド・ポー ボーテ オンブルクルールクアドリn 313、SHISEIDO メーキャップ オーラデュープリズム 02／頬：SHISEIDO メーキャップ インナーグロウチークパウダー 03／口元：クレ・ド・ポー ボーテ ルージュアレーブルカシミア104

▶P.044～053
手描き光琳梅の訪問着：高尾工芸／彫金にダイヤ結び文の帯留め：山清堂／白梅の簪：榮作 鶯骨の扇子／宮脇賣扇庵 東京店　**【メイク商品】**目元：クレ・ド・ポー ボーテ オンブルクルールクアドリn 313／頬：SHISEIDO メーキャップ インナーグロウチークパウダー 02／口元：ローラメルシエ ロングウェアリップライナー 08、SHISEIDO メーキャップ ラッカーインクリップシャイン 309

▶P.054～63
【メイク商品】目元：NARS デュオアイシャドー3930／頬：NARS ブラッシュ 4033／口元：SHISEIDO メーキャップ ヴィジョナリーリップスティック 220

▶P.066～069
手描き京友禅 訪問着「恋」：羽田登喜 作（羽田工房）
髪飾り：NOBORU SHIONOYA

▶P.070～071
手描き玄才友禅 パーティ着「SAHARA」、帯「満月とねこ」：大久保玄才 作（玄才工房 玄屋）
ピアス：NOBORU SHIONOYA

▶P.072～073
手描き京友禅 本振袖「風遼気爽」：羽田 登 作（羽田工房）

▶P.074～075
京紅型 小紋「乾山色絵桜紅葉」二代目 栗山吉三郎 作（栗山工房）
髪飾り：NOBORU SHIONOYA

▶P.076～085
アンティーク春花尽くし訪問着、ぼかし帯揚げ：ゆめや／牡丹と鳳凰の織り出されたアンティークの丸帯、牡丹を象った象牙の帯留め、桜刺繍半襟：きもの 円居／牡丹の簪：榮作　**【メイク商品】**目元：NARS ハードワイヤードアイシャドー 5345. 5334／頬：SHISEIDO メーキャップ インナーグロウチークパウダー 02／口元：SHISEIDO メーキャップカラージェルリップバーム115、SHISEIDO メーキャップ シマージェルグロス 04

▶P.086～095
柳の総刺繍 紋紗訪問着、波の刺繍袋帯：はんなり浅草店、ダイヤとパールの帯留め：山清堂、水晶の簪：銀座かなめ屋　**【メイク商品】**目元：SHISEIDO メーキャップ エッセンシャリストアイパレット 02／頬：クレ・ド・ポー ボーテ ブラッシュデュオプードル 102／口元：クレ・ド・ポー ボーテ ルージュルミヌ 2ラベンダー

▶P.096～105
コプト文様のお召、縞博多名古屋帯：OKANO GINZA SIX店／簪：NOBORU SHIONOYA／ルチルクォーツとパールのリング：山清堂　**【メイク商品】**目元：クレ・ド・ポー ボーテ オンブルクルールクアドリn 305／頬：ドルチェ&ガッバーナ ブラッシュオブローズルミナスチークカラー 300／口元：クレ・ド・ポー ボーテ ルージュルミヌ 12、SHISEIDO メーキャップ シマージェルグロス 08

▶P.108～109
京紅型 小紋振袖「陽明雲入椿」西田裕子 作（栗山工房）
髪飾り：アトリエ染花（プランシュ）

▶P.110～111
ろうけつ染め訪問着&帯「Melody Flag」：青野工房 青野保夫 作

▶P.112～113
小紋・バイヤス市松タイル、帯・ウロコタイル柄、半襟、帯〆、帯揚：JOTARO SAITO（JOTARO SAITO GINZA SIX店）／イヤリング、リング：NOBORU SHIONOYA

STAFFS

ヘアメイク：鎌田由美子・黒木久美子・西森由貴・
中川まどか・深野結花・丸谷美樹（資生堂）

着付け：石山美津江
スタイリング：秋月洋子
撮影：小池 徹（buffo）
レタッチ：加藤エリ
イラスト：ミヤギユカリ

モデル：
橋爪 愛（表紙、P.003、P.008～019）、及川さきの（P.024～027）、
wani（P.028～029、074～075）、NAHO（P.030～031）、
イーラン（P.032～033、066～069、072～073、108～109、114～117）、
奈穂（P.034～043、076～085、118～127）、怜花（P.044～053、
086～095、138～147）、玲奈（P.054～063、096～105、128～137）、
那須ミラノ（P.070～071、110～111、112～113） ※掲載順

宣伝＆コーディネーター：青木伸子、黒坂純子、川林智子（資生堂）
宣伝動画：照山 明（ガイプロモーション）

デザイン：宮崎絵美子
企画・編集・原稿：富永明子（サーズデイ）

Special Thanks：小泉今日子、志村洋子、志村ふくみ、JOTARO SAITO、
羽田 登、羽田登喜、藤井 浩、藤井裕也、栗山吉三郎、西田裕子、
青野保夫、丹下雄介、大久保玄才、榮、NOBORU SHIONOYA、
YOKO、NAKANO、ご協力いただいた皆さま

ヘアメイク

鎌《かま》田《だ》由《ゆ》美《み》子《こ》

資生堂シニアヘアメイクアップアーティスト
1987年、資生堂のヘアメイクアップアカデミー「SABFA」卒業と同時に資生堂に入社。資生堂ビューティークリエイションセンター所属。宣伝広告を数多く手がけ、商品・美容法の開発、ビューティーコンサルタントの教育を担当。また、ラグジュアリーと繊細さを表現する卓越したセンスとその高い技術で、外部企業のビューティープロデュースも手がける。和装と西洋のモードが共演するファッションショー「ファッションカンタータ from KYOTO」のヘアメイク総合チーフを2010年より務めるほか、東京コレクションの「JOTARO SAITO」、「TOKYO KIMONO COLLECTION in 日本橋」のヘアメイクを手掛けている。日本フォーマル協会講師、全日本婚礼美容家協会講師。
近著：
『着物ヘアメイクの発想』、『CHANGE! 鎌田由美子流 メイクで人生を素敵に変える』（ともに誠文堂新光社）

Web
https://hma.shiseido.com/jp/member/kamada/

Instagram
https://www.instagram.com/yumiko.kamada/

SHISEIDO KIMONO BEAUTY
着《き》物《もの》ヘアメイクの視《し》点《てん》と技《ぎ》法《ほう》
2020年9月26日 発行 NDC595

著者 鎌《かま》田《だ》由《ゆ》美《み》子《こ》
発行者 小川雄一
発行所 株式会社 誠文堂新光社
〒113-0033
東京都文京区本郷3-3-11
（編集）03-5800-3621
（販売）03-5800-5780
https://www.seibundo-shinkosha.net

印刷・製本 大日本印刷 株式会社

ISBN978-4-416-52061-1

※ 本書の情報は2020年7月14日現在のものです。掲載されている商品は変更の可能性がありますので、あらかじめご了承ください。